Les nouveaux défis de la famille
Une perspective chrétienne

Jack O. Balswick
Judith K. Balswick

Les nouveaux défis de la famille

Une perspective chrétienne

Éditions Empreinte Temps Présent

Édition originale publiée en anglais sous le titre *The Family*, par Baker Books, Box 6287, Grand Rapids MI 49516-6287 USA.

48, rue de Lille, 75007 Paris
ISBN: 2-906405-54-X

Couverture: David Passeron – Antony
Illustration: Superstock
Traduction: Philippe Dôme et Claire Poujol

Diffusion

France
7ICI Diffusion
48, rue de Lille
75007 Paris
www.librairie-7ici.com

Suisse
Brunnen Verlag
Wallstrasse, 6
4002 BALE

Belgique
Centrale Biblique
Rue de la Motte, 8
1490 Court-Saint-Etienne

Canada
Interlivres
1701, rue Belleville
Ville Lemoyne J4P 3M2
Québec

www.relation-aide.com

Préface

Le but de ce livre est de présenter une image aussi complète que possible de la famille en s'appuyant à la fois sur les études sociologiques, les avancées cliniques et les données bibliques. La perspective biblique adoptée reflète davantage les principes théologiques propres à l'ensemble de la Bible qu'elle ne s'établit sur des «preuves» textuelles. Les concepts bibliques d'*alliance*, de *grâce*, d'*édification*[1] et d'*intimité* constituent le fondement de notre théologie des relations familiales.

Notre ouvrage est divisé en sept parties. Dans la première, «Perspectives théologiques et sociologiques sur la vie de famille», nous présentons une théologie fondamentale des relations et des perspectives théoriques sur la famille comme système évolutif. La deuxième, «Le mariage à l'origine de la vie de famille», analyse les principaux critères qui président au choix des partenaires et à l'établissement d'un mariage chrétien solide. Dans la troisième, «Devenir parents: l'élargissement de la vie de famille», nous nous attachons au développement et à l'éducation des jeunes enfants, aux relations pénibles et souvent problématiques entre parents et adolescents, et à la vie de famille qui en découle. Dans la quatrième, «L'identité des sexes dans la famille», nous considérons les différentes définitions données de la masculinité et de

1. Traduction libre du terme anglais *empowering*, qui signifie littéralement «aider l'autre à devenir puissant».

la féminité; les incidences de ces variantes sur la vie de famille; enfin, les différents aspects de notre existence en tant qu'êtres sexués. La cinquième, «La communication au cœur de la vie de famille», s'intéresse à l'expression de l'amour et de l'intimité, tout comme à celle de la colère et du conflit, entre les membres de la famille. La sixième, «Dynamique sociale de la vie de famille», examine quelques domaines dans lesquels la vie de famille peut connaître des difficultés majeures: pouvoir, dépression, divorce, famille monoparentale, remariage, famille recomposée. La septième partie, «La vie de famille dans la société moderne», considère les effets de la société industrielle sur la vie de famille.

Nous considérons comme un privilège d'avoir été élevés dans des foyers chrétiens. Nos parents nous vouaient un amour inconditionnel, et nous avons trouvé auprès d'eux une grande force et une grande sécurité.

Nous sommes mariés depuis trente-six ans. Nous avons une fille mariée, Jaque, et un fils adoptif coréen, Joel. Nous avons partagé des joies et des peines, des hauts et des bas, les angoisses et les plaisirs de la vie de famille. Il y a vingt-deux ans, Jeff, notre fils bien-aimé, est mort d'un cancer des os à l'âge de dix ans. Ce deuil nous a tous profondément marqués. Pendant trois ans, nous avons vécu en regroupement familial, avec Jaque, son mari, nos deux petits-fils, Curtis et Jacob, et la mère de Judy, décédée à l'âge de quatre-vingt-douze ans. Connaissant la fragilité des personnes isolées, nous hébergeons régulièrement trois adultes célibataires.

PREMIÈRE PARTIE

Perspectives théologiques et sociologiques sur la vie de famille

Dans le chapitre un, nous présentons une théologie des relations familiales par analogie avec ce que la Bible dit de Dieu. Au chapitre deux, nous présentons la perspective systémique et la perspective évolutive.

1

Le fondement théologique des relations familiales

L'utilisation des Écritures dans l'élaboration d'une théologie de la famille

Comment pouvons-nous utiliser au mieux les Écritures pour connaître les intentions de Dieu concernant la vie de famille? Habituellement, on prélève des versets-clés dans les différents passages parlant de la famille, puis on arrange ces versets comme un agréable bouquet de fleurs variées. Mais cette façon de faire est une source de désaccords entre chrétiens, amenés à présenter des bouquets différents de versets, quant à ce que la Bible enseigne à propos de la vie de famille. Cette méthode sélective est comparable à l'exploitation des filons dans une mine. Le «mineur», délaissant le contexte culturel et historique, puise dans les filons de la Bible, élimine les éléments indésirables, et refait surface avec des pépites de vérité. Trop souvent, la recherche de la vérité de Dieu concernant la famille aboutit à une vérité reflétant les idées préconçues du chercheur.

Les passages bibliques le plus fréquemment cités sont des recommandations touchant les relations familiales et l'économie domestique empruntées au Nouveau Testament (Ep 5:22-6:9; Col 3:18-4:1; 1 Tm 2:8-15; 6:1-2; Tt 2:1-10, et 1 P 2:18-3:7). Ces passages révèlent chez les premiers chrétiens le souci de l'ordre dans la vie domestique, dans les relations entre mari et femme, parents et enfants, maître et esclave. Si, cherchant à établir des règles domestiques universelles, transposables telles quelles du passé au présent, fût-ce dans les meilleures intentions, nous lisons les textes sans tenir compte des données sociales, historiques et culturelles de l'époque, nous rencontrerons des difficultés insurmontables. Cette façon de faire supposerait, par exemple, que nous acceptions les esclaves comme faisant partie du plan de Dieu pour la famille. Une telle utilisation des Écritures est abusive.

L'approche que nous proposons dans ce livre est de nature comparative. Il s'agit d'une théologie des relations familiales basée sur le «portrait» de Dieu dans l'Ancien et le Nouveau Testaments. Les termes familiaux utilisés pour caractériser la relation entre Dieu et les enfants d'Israël, de même qu'entre Jésus et son épouse l'Église, sont un modèle qui se prête à une théologie des relations familiales.

La relation entre Dieu et les enfants d'Israël est un modèle particulièrement adapté au développement d'une théologie des relations familiales. Si l'on prend pour exemple les interventions de Dieu en faveur d'Israël, l'éducation des enfants se caractérisera par l'amour, la sollicitude, le dialogue, la discipline, le don, le respect, la connaissance et le pardon.

L'établissement d'une alliance entre Dieu et le peuple d'Israël apparaît comme un élément essentiel pour le développement d'une théologie de la famille. Le concept d'alliance permet de construire une anthropologie théologique. L'existence de l'humanité tient à sa relation d'alliance avec Dieu. Appliquée aux relations humaines, y compris celles du mari et de l'épouse, des parents et des enfants dans le cadre familial, cette relation d'alliance peut être considérée comme un ordre *secondaire* rendu possible par l'ordre *primaire* de différenciation mâle/femelle. Le plan de Dieu en créant les hommes et les femmes en relation complémentaire vise à l'interdépendance et à l'interaction coopérative des êtres humains.

Le concept d'alliance est le paradigme de la famille, une relation unilatérale établie par Dieu avec son peuple, sous forme d'actions spécifiques l'appelant à répondre au long de l'histoire. L'alliance ainsi rapportée à la famille est caractérisée par l'amour. La famille est donc plus qu'affaire de liens du sang. La famille est le lieu où l'on est aimé sans condition.

Le langage de l'alliance peut s'appliquer métaphoriquement au mariage et aux relations familiales. L'examen de ses termes relationnels conduit aux observations suivantes:

1. les gens sont sociables et vivent en communauté;
2. l'unité de base de la famille comme de l'alliance est la dyade (ensemble formé de deux éléments);
3. les personnes vivant dans la communauté connaissent les conflits tout comme l'harmonie;
4. les personnes qui vivent en alliance doivent désirer pardonner et être pardonnées;
5. elles doivent accepter les liens et les contraintes de la communauté;
6. elles doivent accepter la loi propre à régir les relations communautaires;
7. elles seront conscientes d'être porteuses d'un passé, de vivre dans le présent et d'anticiper l'avenir.

Nous pensons que le concept d'alliance est essentiel pour le développement d'une théologie de la famille. Partant de là, nous tenterons dans ce chapitre de développer une théologie des relations familiales, et nous traiterons des questions sociales et théologiques relevant de la nature du processus familial plutôt que de la structure familiale.

Éléments d'une théologie des relations familiales

Nous proposons une théologie des relations familiales qui comporte quatre niveaux séquentiels, mais non linéaires: *alliance*, *grâce*, *édification* et *intimité*. Nous suggérons plus loin que ces relations familiales seront évolutives et dynamiques, ou larvées et défaillantes. Le point de départ logique de toute relation familiale est un engagement par alliance dont l'amour inconditionnel est le moteur principal. Outre la sécurité que procure cette alliance, l'amour génère la grâce. Dans cette atmosphère de grâce, les membres de la famille trouvent la force de s'encourager mutuellement. Cette puissance à son tour génère l'intimité entre les membres de la famille. Enfin, cette intimité permet un degré d'engagement plus profond.

Par exemple, la relation entre les parents et le jeune enfant commence par un engagement d'amour unilatéral appelé à devenir bilatéral par la suite. Pour qu'une relation évolue dans ce sens, un engagement réciproque est nécessaire. L'évolution des relations familiales est susceptible d'être bloquée (ou retardée) à tout moment, lorsqu'une personne est incapable ou refuse de répercuter les quatre niveaux séquentiels. Ainsi, la progression s'arrêtera à n'importe quel stade du cycle. Puisque la relation doit être dynamique et en évolution permanente, on craindra que, si elle ne s'approfondit pas dans le sens de l'alliance, de la grâce, de l'édification et de l'intimité, elle deviendra contrat plus qu'alliance, légalisme plus que grâce, domination plus qu'édification réciproque, et distance plus qu'intimité.

L'alliance: aimer et être aimé

Bien que le concept d'alliance soit chargé de signification en théologie chrétienne, sa signification biblique a souvent été affaiblie par sa définition en termes contractuels. L'alliance est avant tout un engagement inconditionnel manifesté de façon éclatante par Dieu dans le rôle de parent.

La première mention de l'alliance se trouve en Genèse 6:18, où Dieu dit à Noé: «Je prends l'engagement de t'épargner. Tu vas entrer dans l'arche avec ta femme, tes fils et tes belles-filles. Tu devras y faire entrer aussi un couple de chaque espèce vivante, un mâle et une femelle, pour les conserver en vie avec toi».

La deuxième mention d'une alliance concerne Abraham, en Genèse 15:18, puis 17:1-7: «...le Seigneur lui apparut et lui déclara: Je suis le Dieu tout-puissant. Vis toujours en ma présence et sois irréprochable. Je vais établir mon alliance entre toi et moi et te donner un très grand nombre de descendants. Abram se jeta le visage contre terre et Dieu reprit: Voici à quoi je m'engage envers toi: tu deviendras l'ancêtre d'une foule de nations... Je maintiendrai mon alliance avec toi, puis, après toi, avec tes descendants, de génération en génération, pour toujours.»

Le rôle d'Abraham est précisé dans Genèse 17:9: «Dieu dit à Abraham: Toi et tes descendants, de génération en génération, vous devrez respecter mon alliance.»

Que pouvons-nous apprendre de ces deux passages dans lesquels on voit Dieu établir une alliance avec Noé et Abraham? Premièrement, Dieu ne leur donne pas de choix. Il ne dit pas du tout: «Je m'engage envers vous si vous le voulez.» Au contraire, l'alliance se fait à la seule initiative de Dieu. Son offre n'est en aucune manière contractuelle, c'est-à-dire en aucune manière un marchandage. L'engagement de Dieu est entier, accepté ou non par les intéressés. Deuxièmement, Dieu exigea une réponse de Noé tout comme d'Abraham. Est-ce que cela rend l'offre d'alliance conditionnelle? Dieu était-il libre de retirer son offre si elle ne trouvait pas d'écho? Absolument pas! L'offre d'alliance était faite une fois pour toutes, sans tenir compte des réactions de Noé et d'Abraham.

Troisièmement, alors que l'alliance en elle-même n'était pas conditionnelle, les bienfaits et les bénédictions qu'elle procure, eux, l'étaient. Selon que Noé et Abraham accepteraient ou refuseraient de s'engager, ils profiteraient ou non de bienfaits et de bénédictions.

Quatrièmement, nous remarquons dans les passages cités que Dieu étend son offre, pour Noé, à toute créature vivante, et pour Abraham, de génération en génération sans discontinuer. Évidemment, les animaux n'étaient pas censés accepter ou refuser cette offre, ni Abraham en mesure de prévoir le comportement de sa descendance. C'est une preuve supplémentaire de la nature inconditionnelle de l'alliance.

À leur tour, les bénédictions de l'alliance pour les descendants dépendront de leur fidélité à Dieu. En effet, le récit biblique de la relation entre Dieu et les enfants d'Israël se comprend mieux par analogie avec l'attachement inconditionnel d'un père pour son enfant. Dans l'Ancien Testament, Israël se détourne du vrai Dieu et se trouve en difficulté; puis Dieu pardonne et Israël connaît à nouveau les bénédictions d'une relation père-fils avec Dieu. Ce cycle est le message central du livre d'Osée, notamment.

La vie de Jésus est l'expression suprême d'un amour inconditionnel. Il est remarquable que Jésus ait raconté l'histoire du fils prodigue en réponse aux critiques des scribes et des pharisiens qui lui reprochaient d'accueillir et de fréquenter des pécheurs. Comme le père de la parabole reçoit son fils égaré à la maison les bras ouverts, Jésus montrait un amour inconditionnel au peuple qui avait rejeté son père. La nature inconditionnelle de l'amour de Dieu est exprimée avec force dans 1 Jn 4:19: «Quant à nous, nous aimons parce que Dieu nous a aimés le premier», ou encore 1 Jn 4:10: «Et l'amour consiste en ceci: ce n'est pas nous qui avons aimé Dieu, c'est lui qui nous a aimés.»

Après avoir commenté les implications de l'alliance inconditionnelle de Dieu, nous nous tournons maintenant vers la question de la réciprocité. Bien que la nature inconditionnelle de l'amour dans l'alliance ne fasse pas de doute, nous croyons que dans le domaine familial le concept d'alliance peut s'appliquer à la fois aux relations unilatérales et bilatérales.

Toute relation d'alliance s'appuie sur un engagement inconditionnel. Cependant, les relations d'alliance peuvent être à sens unique (unilatérales) ou à double sens (bilatérales). Nous désignons comme unilatérale inconditionnelle la relation d'alliance initiale, et comme bilatérale inconditionnelle la relation d'alliance accomplie. Toutes les références bibliques à des alliances proposées par Dieu constituent des exemples d'alliances initiales. Du point de vue relationnel, un engagement inconditionnel à sens unique offre l'intérêt de pouvoir devenir un jour une voie à double sens. Le désir de Dieu chaque fois qu'il proposait une alliance était que cet engagement inconditionnel devienne réciproque.

Quand un enfant naît, ses parents lui vouent un amour inconditionnel. Le tout-petit, à ce stade de son existence, est incapable de s'engager. Mais, à mesure qu'il grandit, la relation, d'unilatérale deviendra bilatérale, c'est-à-dire accomplie et partagée. Cette réciprocité se marque également lorsque les parents eux-mêmes vieillissent et deviennent socialement, affectivement et physiquement plus dépendants de leurs enfants adultes. Il s'agit là du parfait accomplissement d'un amour inconditionnel.

Il existe deux types de relations familiales conditionnelles, l'arrangement libre et le contrat. Le premier est symptomatique d'une société dans laquelle les personnes hésitent à s'engager. Tel est le cas des personnes qui se marient avec l'arrière-pensée que tout ira bien tant que tous leurs besoins seront satisfaits; mais si des problèmes viennent à surgir, la relation prendra fin. Quand les deux partenaires adoptent cette position conditionnelle, le mariage apparaît comme un contrat sans assurance. Le mari et la femme ne considèrent ce contrat comme rempli que s'ils reçoivent autant qu'ils donnent.

En réalité, l'essentiel de la routine quotidienne dans la vie de famille se passe selon des arrangements contractuels tacites. Ceux qui plaident en faveur de relations basées sur l'alliance reconnaissent l'importance de la satisfaction réciproque et du confort de vie que procurent ces arrangements, mais ils soulignent également que si les relations familiales n'étaient régies que par contrat, elles passeraient à côté de l'extraordinaire grandeur de l'alliance par amour.

La grâce: pardonner et être pardonné

Il est particulièrement difficile de dissocier l'alliance de la grâce. Par sa nature profonde, l'alliance *est* grâce. Du point de vue humain, l'amour inconditionnel de Dieu n'a de sens qu'offert en grâce. La grâce est vraiment un mot relationnel. Grâce veut dire faveur non méritée.

Appliquée à la vie de famille, la grâce se conçoit comme une extension de l'alliance par amour. Différents passages de l'A.T. suggèrent que Dieu désire la consolidation de la vie de famille par des «structures de grâce», c'est-à-dire des compromis de société destinés à apaiser la souffrance et le malheur, et basés sur la miséricorde de Dieu. Un exemple pris dans Ex 22:25-26: «Si vous prêtez de l'argent à un pauvre, n'agissez pas comme les autres créanciers, ne lui réclamez pas d'intérêts. Si vous prenez en gage le manteau de quelqu'un, rendez-le-lui avant le coucher du soleil, car il n'a que cela pour se couvrir et protéger son corps.» Les enseignements de l'A.T. montrent qu'il faut lutter, avec l'aide de Dieu, contre les forces qui affaiblissent la famille.

Les relations familiales doivent être vécues dans une atmosphère de grâce et non de discipline. Sur le plan individuel comme sur le plan familial, la loi conduit au légalisme, tandis que la grâce nous en délivre. Dans une atmosphère de grâce, les membres de la famille agissent de façon responsable, dans l'amour et la considération réciproques.

L'incarnation est la grâce suprême de Dieu faite à l'humanité. Jésus-Christ prit la forme humaine pour réconcilier le monde avec Dieu.

Dans une famille régie par la loi, on exigera de chacun qu'il soit parfait. On imposera des règles rigides pour gérer les relations. Cette exigence de perfection ajoute la culpabilité à l'échec.

Bien que l'alliance de grâce évince la loi dans les relations familiales, les membres de la famille accepteront la loi sous forme de règles, d'organisation et de responsabilité personnelle dans les relations. En fait, la routine quotidienne repose sur une entente préalable s'agissant de l'ordre et de la ponctualité. La relation dyadique implique nécessairement l'élaboration de formes spécifiques, de règles et de lois pour guider la vie communautaire et les relations personnelles. Le besoin de modèle et de règles est impératif, mais cette obligation est à comprendre comme relative à des conditions de dialogue effectif, à l'émergence d'individus totalement intégrés à la communauté.

L'application du concept de grâce aux relations familiales est un défi alors que nous cherchons à leur attribuer des structures, des rôles et des règles. La grâce signifie que l'ordre et la ponctualité sont présents pour l'amour de chaque membre de la famille, et non comme moyens de répression et de contrainte.

L'édification réciproque: servir et être servi

La définition la plus courante et la plus conventionnelle du pouvoir est la capacité d'influencer quelqu'un d'autre. Dans cette définition, l'accent est mis sur la capacité potentielle d'influencer et non sur l'exercice effectif de cette capacité. Dans la plupart des recherches sur le pouvoir dans la famille, il s'agit d'une personne qui essaye de contrôler ou d'influencer le comportement d'une autre personne. Ces analyses font souvent apparaître que celui ou celle qui exerce le pouvoir affaiblit l'autre, c'est-à-dire tend à maintenir sa domination sur lui.

Le pouvoir au sens biblique est à l'opposé de la définition courante du pouvoir dans la famille ou dans la société en général. C'est le désir de fortifier autrui, pas nécessairement en cédant à ses aspirations, ni en lui abandonnant son propre pouvoir, mais plutôt en l'aidant à prendre le sien. La personne sur laquelle s'exerce cette action monte en puissance, grâce aux encouragements de l'autre.

C'est aider quelqu'un d'autre à découvrir en soi ses propres forces et capacités, l'encourager par des conseils à développer ses qualités personnelles. C'est montrer à quelqu'un d'autre ce qu'il est capable d'apprendre, ce qu'il est capable de réaliser. Le «mentor» sera parfois amené à s'effacer pour permettre à l'apprenti de se développer par l'action en toute indépendance. Le mentor respecte le caractère unique des individus et découvre en ceux-ci leurs capacités propres. Cet échange de puissance exclut le contrôle forcé de la façon d'être ou d'agir du sujet, c'est plutôt un processus d'édification, un échange entre deux personnes sur la voie du progrès moral et spirituel.

Si l'alliance est un engagement d'amour et si la grâce est ce qui émane de son acceptation, alors l'édification marque l'action de Dieu dans la vie des gens. C'est éminemment visible dans la vie de Jésus-Christ. Jésus a dit: «Moi je suis venu pour que les humains aient la vie et l'aient en abondance.» (Jn 10:10)

Le pouvoir donné par Jésus est d'ordre personnel, il est dispensé à ceux qui en manquent. Aux pécheurs impuissants que nous sommes, Dieu donne la capacité de devenir ses enfants. C'est le plus parfait exemple d'accession de l'homme au pouvoir. Jésus redéfinit le pouvoir dans son enseignement: devenir le serviteur de ses semblables. Il rejette l'usage du pouvoir pour dominer les autres, affirmant au contraire que le pouvoir consiste à se mettre à leur service, à relever ceux qui sont tombés, à pardonner au coupable, à responsabiliser les faibles et à les rendre capables d'agir. Jésus lui-même honora, notamment, les femmes et les enfants, ceux qui étaient marginalisés dans la culture patriarcale de l'époque du Nouveau Testament.

En vérité, le pouvoir est amour en action. La bonne nouvelle pour les chrétiens est que le pouvoir de Dieu est à la disposition des êtres humains en quantité illimitée. Ce pouvoir illimité est appelé dans des passages tels que Ep 4:13 et Ga 5:22-23 «fruit de l'Esprit»: c'est l'amour, la joie, la paix, la patience, la bonté, la bienveillance, la fidélité, la douceur, la maîtrise de soi, à la disposition de tous les chrétiens.

Cet exercice du pouvoir appliqué aux relations est né de l'alliance et de la grâce offertes par Dieu et par Jésus. L'Esprit de Dieu habite les croyants et leur permet de «promouvoir» leurs semblables. À mesure que l'élévation spirituelle se confirme pour les membres de la famille, ils deviennent capables de se soutenir et de se donner mutuellement sans limite. Chacun mettra son principal talent au service de l'édification des autres. C'est le sens de 1 Co 8:1: «La connaissance enorgueillit, mais l'amour édifie.»

La pensée traditionnelle à propos des relations parents/enfants est basée sur l'idée fausse que le pouvoir est en quantité limitée, de sorte que, les enfants grandissant, le pouvoir des parents se réduit. Mais du point de vue du pouvoir offert par Dieu, nous devrons reconsidérer la nature de l'autorité parentale. Au sens biblique, l'autorité parentale est prescrite. Le mot grec pour autorité, *exousia*, signifie «hors de l'être». Il désigne une sorte d'influence qui ne dépend nullement de la force ou des aptitudes personnelles, mais qui se manifeste en dehors de la personne. Le mot grec signifiant «pouvoir», *dynamis*, est celui dont provient «dynamo». Le pouvoir de Jésus découlait de sa personnalité, qui était dynamique.

Les parents aussi ont une autorité personnelle lorsqu'ils s'efforcent d'assurer le développement physique, social, psychologique et spirituel de leurs enfants. Dans le cours de ce développement, les parents n'abandonnent pas du tout leur autorité, ils n'en sont pas non plus dépossédés. Les uns et les autres accèdent respectivement à un certain degré de pouvoir personnel, d'estime de soi et de plénitude. Les parents doivent permettre à leurs enfants d'acquérir une assurance personnelle tout en préservant leur propre autorité dans le changement.

Tous les parents ont été tentés de garder leurs enfants dépendants, sous prétexte que c'était pour leur bien. Mais le plus souvent cette dépendance est une facilité pour les parents. Leur objectif majeur est de donner à l'enfant la force de maîtriser son destin.

L'intimité: connaître et être connu

Les êtres humains sont uniques parmi les créatures vivantes pour leur capacité à communiquer par le langage, qui leur permet de se connaître intimement. La foi chrétienne se distingue des religions orientales par la révélation d'un Dieu apparu dans l'histoire pour avoir une relation personnelle avec les hommes.

Adam et Ève étaient transparents devant Dieu au temps de leur innocence. L'intimité leur permettait d'être eux-mêmes sans la moindre restriction. Ils n'avaient aucune raison de simuler. Aujourd'hui, cependant, la honte naît de la peur d'être connu intimement. Et quand la peur est présente, les membres de la famille mettent des masques et commencent à se tromper mutuellement.

Les membres d'une famille fondée sur l'alliance et qui vit dans une atmosphère de grâce et d' édification, sauront communiquer et s'exprimer pour se comprendre intimement les uns les autres. Ils s'efforceront d'être à l'écoute, de comprendre et de promouvoir le meilleur pour chacun.

La possibilité pour les membres de la famille d'exprimer librement et ouvertement leurs sentiments s'appuie sur la confiance et l'engagement. Ils ne craindront pas de partager leur vécu en toute intimité. 1 Jn 4:16, 18 dit: «Dieu est amour... Il n'y a pas de crainte dans l'amour, l'amour parfait bannit la crainte.» Dieu exprime l'amour parfait et nous pouvons répondre par l'amour, car Dieu nous a aimés le premier.

Application du modèle théologique: des comportements toxiques aux comportements guérissants

Nous avons observé que :

1. l'engagement s'appuie sur une alliance accomplie, inconditionnelle et bilatérale;

2. la vie de famille se déroule et se maintient dans une atmosphère de grâce associant l'acceptation et le pardon;

3. les compétences personnelles des membres de la famille servent à rendre les autres plus forts et non à les diminuer;

4. l'intimité, issue de la connaissance, conduit à la sol-

licitude, la compréhension, la communication et la communion.

Le tableau 1, qui constitue un résumé de notre modèle théologique, illustre comment une famille qui se confie en Jésus-Christ peut se tourner vers le modèle préconisé par Dieu pour les relations.

Même si les membres de la famille sont personnellement imparfaits, par leur tempérament et leurs expériences, ils progresseront à différents degrés dans la réalisation des idéaux divins d'amour inconditionnel, de grâce, d'édification et d'intimité. C'est dire que tous les membres de la famille oscillent continuellement entre comportements toxiques et comportements guérissants. Tant qu'ils inclineront dans la seconde direction, ils progresseront et la famille en bénéficiera. Mais s'ils se laissent plutôt tenter par les comportements négatifs et s'éloignent des voies de Dieu, la famille entière en pâtira.

Parmi les comportements toxiques dans le contexte familial, on trouve l'amour conditionnel, l'égocentrisme, le perfectionnisme, la culpabilisation, les tendances dominatrices, le manque de fiabilité, la négation des sentiments et le manque de communication. L'accent est mis sur le moi plutôt que sur les intérêts des autres membres de la famille. Dans les familles toxiques, chaque individu est figé à son niveau personnel. Par exemple, on peut se sentir mal aimé ou pas digne d'être aimé par les autres. Un tel individu est à son tour incapable d'aimer les autres inconditionnellement. Il en résulte un cercle vicieux.

Ces familles toxiques ont besoin d'une thérapie pour rompre l'enchaînement perpétuel des conflits. Celui qui n'a été aimé que conditionnellement a besoin de faire l'expérience de l'amour inconditionnel pour se trouver assez aimable, pour donner de l'amour et pour soutenir les autres. La délivrance se produit quand on reçoit l'amour inconditionnel de Dieu. Être aimé de Dieu apporte l'estime de soi («Je suis digne d'être aimé»).

Tableau 1
Du comportement toxique au comportement guérissant

comportement toxique	problème au niveau personnel	obstacle aux relations	comportement qui perpétue le problème	comportement guérissant
de l'amour conditionnel à l'amour inconditionnel				
amour conditionnel	sentiment de ne pas être aimé	peur de ne pas être aimé	aimer pour être aimé en retour	amour inconditionnel
égocentrisme	sentiment d'être indigne d'amour	peur d'être jugé sans valeur	centré sur soi	centré sur le Christ
de la honte à la grâce				
perfectionnisme	peur de commettre une erreur	peur de ne pas être accepté	efforts pour être aimé	acceptation
culpabilisation	attendre des autres et de soi la perfection	peur d'être critiqué	blâmer les autres	pardon
de la domination à l'édification réciproque				
tendance à dominer les autres	manque de confiance en sa capacité à influencer les autres	peur de perdre les autres	contrôle excessif des autres	édification des autres
manque de fiabilité	manque de maîtrise de soi	peur de décevoir les autres	perte du contrôle de soi	fiabilité
du manque de sentiments à l'intimité				
négation des sentiments	peur des sentiments	peur du rejet	évitement des sentiments	ressenti des sentiments
manque de communication	méfiance à l'égard des autres	peur d'être blessé par les autres	conversation superficielle	communication honnête et franche

Les familles toxiques ont tendance à exiger une perfection déraisonnable et à blâmer ceux de ses membres qui ne se surpassent pas. Dans ces familles, les individus craignent de commettre une erreur et d'être rejetés comme nuls. Alors, ils essayent d'être parfaits. Ils ont besoin d'être acceptés pour ce qu'ils sont et pardonnés quand ils échouent.

Les familles toxiques tendent également à dominer plutôt qu'à édifier. Dans ces familles, les individus ne se croient pas capables d'influencer les autres, ils craignent d'être discrédités pour leurs lacunes. Le résultat est une ambition désespérée de prendre le pouvoir et de soumettre les plus faibles. Il faudrait au contraire qu'ils soient reconnus et encouragés par la famille. L'édification engendrera la confiance, de sorte que tous les membres de la famille pourront donner le meilleur d'eux-mêmes.

Les familles toxiques se caractérisent par l'incapacité des individus à exprimer leurs sentiments. La crainte du rejet les pousse à nier leurs émotions. Ce qui leur manque le plus c'est une atmosphère dans laquelle ils puissent exprimer leurs sentiments, leurs pensées, leurs besoins et leurs désirs : être entendus et compris par les autres.

Nous avons vu que l'alliance d'amour est un processus dynamique. Dieu a voulu que les relations familiales évoluent, que les comportements toxiques deviennent des comportements guérissants.

2

La famille comme système évolutif

Dans ce chapitre, nous présentons deux perspectives théoriques: la perspective systémique et celle du développement familial.

La systémique appliquée à la famille

Qu'est-ce qu'une perspective systémique? C'est essentiellement une approche qui envisage chaque domaine de la vie de famille en termes d'ensemble. Un système est par définition tout ensemble reconnaissable constitué de parties reliées entre elles. Pour comprendre un système, on commencera par identifier les frontières qui le délimitent. Par exemple, dans les sociétés occidentales, les limites du système familial sont le mari, la femme et leurs enfants. Dans d'autres sociétés, il faut y ajouter l'ensemble des proches, car dans ces sociétés ils font partie du système de base.

Tout ce qui se trouve à l'intérieur des limites est considéré comme appartenant au système, et tout ce qui se trouve en dehors appartient à l'environnement. Les «entrées» correspondent aux stimuli et aux messages qui pénètrent dans le système depuis l'environnement, et les «sorties» correspondent aux messages et aux réponses du système à l'intention de l'environnement. Les frontières du système sont plus ou moins ouvertes ou fermées. Dans un système ouvert, les frontières sont dites perméables, autorisant des entrées et des sorties significatives du système à l'environnement et vice-versa. Dans un système familial fermé, les frontières deviennent des obstacles empêchant de tels échanges.

Une fois les frontières établies, les objets appartenant au système sont identifiés comme des unités le constituant. Dans la famille nouvellement constituée, il y a deux unités (individus), le mari et la femme, chacun doté d'une position et d'un rôle particuliers dans la famille. Lorsque des enfants naissent, le système devient plus complexe, puisque chaque nouveau membre occupe une position donnée dans le système et s'y voit assigner un rôle précis.

De nouveaux membres arrivant dans la famille, des sous-systèmes apparaissent. Dans une famille avec enfants, il y a au moins deux sous-systèmes: le sous-système parental constitué par le père et la mère, et le sous-système de la fratrie constitué par les enfants (ou, dans le cas d'un enfant unique, le sous-système filial). Chaque membre de la fratrie peut également être identifié comme sous-système individuel. Dans la plupart des systèmes, il y a des règles hiérarchiques entre les sous-systèmes. Dans la famille, la règle majeure est que le sous-système parental a autorité sur le sous-système de la fratrie.

Théoriquement, il est possible de considérer chaque ensemble intégrant comme un système et alors d'identifier les plus petites unités qui y sont incluses comme des sous-systèmes. Une Église constituera un système, et chaque groupe ou famille qui la compose un sous-système. Souvenez-vous que l'environnement et les unités sont relatifs au système que l'on analyse. Par exemple, si on analyse le système social du monde, qui contient tous les peuples de la planète, l'environnement représente tous les phénomènes non humains, et les unités sont les cultures et les sociétés particulières.

Le succès de la systémique est pour une large part dû aux inadéquations du modèle causal linéaire de comportement social. La différence entre un modèle tel que la systémique et un modèle tel que le comportementalisme apparaît clairement dans les nombreux cas où le comportement peut être contrôlé, stabilisé ou modifié par une procédure rétroactive. Il y a quatre niveaux majeurs de procédure rétroactive dans un système: la rétroaction simple, le contrôle cybernétique, la morphogenèse et la réorientation.

La *rétroaction simple* est identique au modèle de cause à effet. Par exemple, pour aider les parents à montrer aux enfants comment faire leur toilette, un thérapeute du comportement se concentre sur le comportement même. Donner une friandise à l'enfant lorsque la tâche est accomplie encourage au comportement recherché. À l'inverse, garder la récompense incite l'enfant à rejeter le comportement indésirable. La rétroaction simple est souvent utilisée par les membres de la famille pour inciter au changement. C'est un simple échange entre le système et l'environnement.

Le *contrôle cybernétique* est quelque chose de plus complexe. Ici, une «sortie» du système fait retour sur une unité de contrôle intégrée au système et déclenche une régulation de l'impulsion initiale. Le meilleur exemple de contrôle cybernétique est peut-être celui de l'autorégulation par thermostat. Par une froide journée d'hiver, si le thermostat est réglé à 25°, quand la température de la pièce tombe en dessous (disons 24°), l'aiguille du thermostat établit un contact électrique et le chauffage repart. Il se maintiendra jusqu'à avoir atteint une certaine température (disons 26°), à laquelle le contact est coupé et le chauffage s'arrête. Il s'agit d'un contrôle cybernétique parce que le système de chauffage contient un mécanisme d'autorégulation.

La vie de famille peut être comprise de la même façon. Les familles ont des règles ou des normes qui définissent le comportement attendu de chacun. Chacune de ces règles a son seuil de tolérance dont le dépassement provoquera inévitablement une réaction de la famille. Dans notre exemple du thermostat, la marge de tolérance était comprise entre 24 et 26°. La famille devra être capable d'une certaine flexibilité, sans quoi des ajustements continuels seront nécessaires et une vie de famille normale sera impossible. Imaginez ce qui se passerait avec le chauffage s'il était réglé entre 24,9° et 25,1°: il ne cesserait de s'allumer et de s'éteindre et il en résulterait une perte d'énergie considérable.

Considérons une famille dans laquelle tous devraient impérativement être assis à table pour le repas du soir à 18 h 45 précises. On attendrait au mieux trente secondes que Marie ait fini de téléphoner avant de commencer, mais certainement pas cinq minutes! Le système réagira pour corriger ce comportement «hors normes». Peut-être les frères et sœurs de Marie la forceront-ils à raccrocher, ou les parents la menaceront-ils d'être privée de repas si elle ne raccroche pas tout de suite. Dans l'un et l'autre cas, le système agirait pour sanctionner son comportement.

Toutes les familles ont des règles que chaque membre respecte pour le bien de tous. Le non-respect de ces règles est corrigé par le système. Le contrôle cybernétique est la réaction du système pour perpétuer les règles ou le statu quo. C'est ce qu'on appelle homéostasie en systémique.

Mais les familles dépassent souvent le contrôle cybernétique, car elles changent et redéfinissent continuellement leurs règles, leurs régulations et leurs procédures. Pour développer notre exemple, supposons que la famille soit décidée à ne pas commencer le repas sans Marie et que différentes tentatives échouent à lui faire lâcher le téléphone. Un système qui ne fonctionne qu'au contrôle cybernétique ne peut absolument rien y faire. Il est obligé de recourir à d'anciennes méthodes ou de ne rien faire. Mais un système qui opère à un niveau *morphogénétique*[1] est capable de créer de nouvelles façons de réagir à la situation. Les nouvelles réponses apparaissent quand les méthodes éprouvées ne fonctionnent plus ou que le système fait face à une situation inédite.

Un des avantages majeurs des systèmes familiaux performants sur ceux qui ne le sont pas, c'est la capacité d'agir à ce niveau supérieur. Les familles incapables de réponses morphogénétiques le sont habituellement par excès de rigidité. À l'inverse, les familles peu structurées, qui ont peu de règles et un faible encadrement rencontreront des difficultés parce qu'elles n'ont pas la cohésion nécessaire pour agir à l'unisson.

La famille est appelée à donner de nouveaux types de réponses lorsque des changements sont prévisibles dans son cycle de vie ou quand des crises inattendues se produisent. Par exemple, quand un membre de la famille perd son travail, tombe malade ou meurt, des réactions appropriées s'imposent.

---

1. Deux tendances contraires (à la transformation et à l'homéostasie) sont caractéristiques d'un système. Un système tend généralement vers l'homéostasie (ou morphostase), mais il peut aller vers le changement, la transformation (morphogenèse). Dans la morphogenèse, de nouvelles formes de réponses sont possibles.

C'est également vrai pour les changements positifs, comme la naissance ou l'adoption d'un enfant, la célébration d'un mariage ou d'un anniversaire, ou un héritage imprévu.

Dans la plupart des familles, on a tendance à réagir de façon routinière à des situations nouvelles (homéostasie[1]). Il est à craindre que ces réponses ne soient plus adaptées et que la famille s'y enlise, incapable de s'élever au niveau morphogénétique. La famille fonctionnelle, cependant, a appris que la souplesse et la cohésion sont indispensables pour opérer au niveau morphogénétique.

Le quatrième niveau, le plus élevé, est la *réorientation*. Ici, la famille change complètement de projet. Dans la morphogenèse, de nouvelles formes de réponses sont produites, tandis que dans la réorientation c'est le projet même qui change. La réorientation inclut un changement spectaculaire de la vie de famille par lequel le système tout entier se convertit à de nouvelles façons de penser et de se comporter. Par exemple, une réorientation s'imposera lorsque la famille d'un alcoolique s'affronte au sujet de la contribution de chacun au problème, pour trouver un traitement qui touche non seulement le malade mais chacun en particulier. Autre exemple: le changement radical qui se produit dans les croyances d'une famille lors d'une conversion religieuse, conduisant à une façon tout à fait nouvelle de vivre.

Il est vrai qu'un tel changement est assez rare et que dans la plupart des familles la morphogenèse ou l'homéostasie sont les types de réponse les plus courants. Cependant, une réorientation sera nécessaire lorsque le mode de vie d'une famille se révèle totalement inopérant.

La famille, un système évolutif

Supposons que nous disposions d'une machine à remonter le temps qui nous permette d'observer la famille Dupont aux différents stades de son développement: leur premier mois de mariage, la naissance de leur premier enfant, et celle de leur dernier enfant, l'année où celui-ci devint adolescent, la dernière année où il vécut à la maison, et l'année de la naissance du dernier petit-enfant. Nous aurions six tranches superposées de la vie de la famille Dupont. Les Dupont apparaîtraient fort différents à chacune, mais il y aurait aussi des éléments de

---

1. La fonction de ce système qu'est la famille consiste à maintenir son homéostasie, c'est-à-dire son équilibre interne, sa stabilité.

continuité: l'organisation fondamentale de la famille, l'ordre d'apparition des descendants (la constellation familiale), l'historique de la famille avec ses traditions, la famille élargie, et ainsi de suite. Il faudrait également noter que chaque étape de la vie de famille a ses moments de tension prévisibles, et que certaines étapes exigent une structure familiale plus solide que d'autres.

La perspective évolutive nous permet de voir la progression caractéristique de la famille à travers les différentes étapes de la vie. La famille est plus dynamique que statique. À chaque étape, il y a des tâches clés que la famille doit accomplir pour atteindre la suivante. De même, des évolutions sont requises de chaque membre de la famille à une étape donnée. Bien que certaines variations ou oscillations soient normales au long de ce processus, pourvu que la famille comme entité et les individus qui la composent accomplissent leurs tâches respectives, elle sera prête à passer au stade de développement suivant. Mais si tel n'est pas le cas, elle n'y parviendra qu'avec difficulté. Il est utile d'envisager l'adaptation de chaque individu en fonction de son âge, et de déterminer s'il est en avance ou en retard. Comme on est à la recherche d'un équilibre dans de nombreux domaines du développement, tout extrême est contre-performant. Il est évidemment toujours important de percevoir les fluctuations traversées par un membre de la famille évoluant au long des étapes de la vie.

Tableau 2
L'évolution de la famille

stade	tâche principale	événement principal
prémarital	différenciation de la famille d'origine	fiançailles
dyade conjugale	adaptation aux rôles conjugaux	mariage
triade	adaptation au 1er enfant	arrivée du 1er enfant
famille constituée	adaptation aux enfants suivants	arrivée du dernier enfant
famille avec ados	assouplissement progressif du système familial	les ados se démarquent de la famille
départ des enfants	acceptation du départ des enfants	les enfants choisissent carrière et conjoint
après le départ des enfants	acceptation de la solitude et du vieillissement	départ du dernier enfant

Certaines tâches évolutives sont propres à une étape, c'est-à-dire qu'elles devraient être accomplies dans une période donnée. D'autres s'accomplissent au long des phases de la vie de famille. Par exemple, il est important pour un couple, la première année du mariage, de prendre ensemble des décisions financières et touchant la vie domestique, puisque la communication interpersonnelle sera un atout important pendant la vie conjugale.

Le tableau 2 passe en revue les étapes de la vie de famille, l'évolution majeure associée à chacune, et l'événement qui en est l'origine. Il faut remarquer que chaque famille est unique et que les étapes ne sont pas toujours clairement délimitées.

En général, on peut dire qu'une famille a franchi une étape quand une transition importante s'y est produite. Le processus commence au stade pré-marital, à cause du départ de la famille d'origine (la famille dans laquelle on est né). L'objectif de cette démarcation est le développement de la conscience de soi qui rend possible la relation à d'autres en toute indépendance. Une telle capacité d'autonomie conduit à des niveaux de connexion plus profonds. Notez que la différenciation n'évince pas l'intimité en faveur de l'autonomie. Elle tient compte de l'intimité *et* de l'autonomie. Le processus de différenciation commence en fait dès l'enfance, mais il s'intensifie à la fin de l'adolescence et se poursuit la vie entière. Une différenciation accomplie donne à l'individu les meilleures chances de réussir son mariage.

La transition la plus importante dans le cycle de la vie est le mariage. Lorsque deux personnes se marient, une nouvelle famille naît sous la forme d'une dyade. La principale évolution consiste alors en l'adaptation de l'homme et de la femme l'un à l'autre en tant que jeunes mariés.

Le programme à couvrir pendant cette période est considérable: organiser le ménage, se répartir les tâches domestiques, établir un budget, se fixer des objectifs de carrière, s'entendre sur le plan sexuel, se faire des amis et se projeter dans la vie sociale, prendre des engagements dans l'église et la vie spirituelle, et ainsi de suite. C'est la période où établir de solides fondations pour l'avenir.

Compte tenu de l'énergie et de la coopération qu'exigera la réalisation de ce programme, il est vital que le nouveau couple suive le principe biblique «quitter pour construire». S'il s'agit de prendre toutes ces décisions, les jeunes mariés devront définir clairement la nature de leur relation, ils auront besoin d'encouragements et du soutien de leurs familles respectives, mais si celles-ci s'interposent, les fondations seront moins solides.

Le troisième «étage» familial, la triade, commence à la naissance ou l'adoption d'un enfant. Les spécialistes disent que la période optimale pour avoir un enfant se situe après deux à cinq ans de mariage. La plupart des couples profitent de leurs deux premières années ensemble pour harmoniser leur union et pour accomplir les tâches nécessaires dans cette situation nouvelle. La venue précoce du premier enfant peut détourner l'attention des devoirs du mariage vers ceux de la relation parentale.

Quand un enfant naît ou est adopté dans une famille, le système existant change: de nouvelles lignes seront tracées, un nouvel espace aménagé, de nouveaux modes de relations établis pour accueillir le nouveau venu.

Quand les enfants atteignent l'adolescence, la famille répondra aux pressions pour plus de souplesse. Le temps vient où les enfants commencent à se démarquer et à se distinguer de la famille. C'est également le temps où les parents atteignent l'âge mûr, qui comporte ses propres angoisses. Bien des difficultés surgissent lorsque les angoisses de l'adolescence et celles du vieillissement coïncident.

L'étape de la séparation commence lorsque les enfants sont en âge de se marier. Les parents doivent accepter le départ de leurs enfants. Il est également important qu'ils acceptent le partenaire choisi par leur enfant, et la famille de cette personne.

Après ces événements, la famille redevient une dyade. Compte tenu de l'espérance de vie actuelle, cette période couvre en moyenne la moitié de la durée du système familial. Cela peut être une période de redécouverte réciproque du mari et de l'épouse, de réflexion sur le sens de leur vie commune. En revanche, si les enfants ont été leur principal souci, maintenant qu'ils sont partis, cette période peut devenir une source de déception et de solitude (ils n'ont peut-être que peu de choses en commun). Une autre source possible de complications pour le couple vieillissant, la nécessité de s'occuper de parents âgés.

Intégration de la perspective systémique et de la perspective développementale

Notre stratégie dans ce livre est d'utiliser à la fois la perspective développementale et la perspective systémique pour étudier la vie de famille. La famille est un système en devenir toujours prêt à accueillir de nouveaux membres et à accepter leur départ par la suite. Il est appelé à tolérer et à assumer les besoins changeants des individualités qui le composent, tout en maintenant la stabilité dont ils ont également besoin pour se construire. Ce n'est pas une tâche facile, surtout dans la société urbaine actuelle. Quantité de systèmes extra-familiaux (le monde du travail, le système d'éducation, les groupes religieux, les clubs et les associations) sollicitent les membres de la famille dans le temps et l'assiduité. Seules les familles solides survivent à ces intrusions de la société moderne.

Pour comprendre comment construire une famille fonctionnelle, il nous faut d'abord définir une vie de famille saine. Il y a quatre principaux domaines d'analyse en la matière: la cohésion, l'adaptabilité, la communication et la fonctionnalité des rôles. Dans chaque domaine, deux caractéristiques marquent les familles fonctionnelles.

La cohésion

La cohésion concerne le degré de proximité qui existe dans une famille. Dans une famille solide, les différents acteurs ont des personnalités clairement distinctes les unes des autres. «Je suis un individu et tu es un individu. Nous sommes des personnes distinctes dans le système et malgré cela, nous sommes membres d'une même famille.»

Quand les membres d'une famille sont excessivement proches, on dit qu'ils sont enchevêtrés. Dans ce cas, leur identité ou leur individualité sont insuffisamment prononcées, ils sont trop dépendants de la famille pour s'affirmer. Un exemple d'enchevêtrement familial: une famille affolée par le problème d'un de ses membres. Tous se retrouvent impliqués dans ce problème comme si c'était le leur. Ils manquent de perspective. Ainsi, le problème s'aggrave et la chance de trouver une solution diminue.

L'autre extrême est un niveau très lâche de cohésion qui peut être considéré comme un désengagement. Dans une telle famille, l'existence d'un de ses membres concerne rarement les autres de façon sensible. Ils ne coopèrent pratiquement pas. Lorsqu'une crise personnelle survient, la famille risque de ne pas s'en rendre compte. Ici, le système est incapable d'apporter une aide ou un soutien à celui qui souffre. Chacun est trop accaparé par son travail et ses propres affaires pour remarquer ce qui arrive aux autres.

Les familles solides au contraire présentent un degré élevé de solidarité et d'engagement sans intrusion, elles se situent à mi-chemin, avec un degré pondéré de cohésion (voir figure ci-dessous).

Figure 1: **désengagement, différenciation, enchevêtrement**

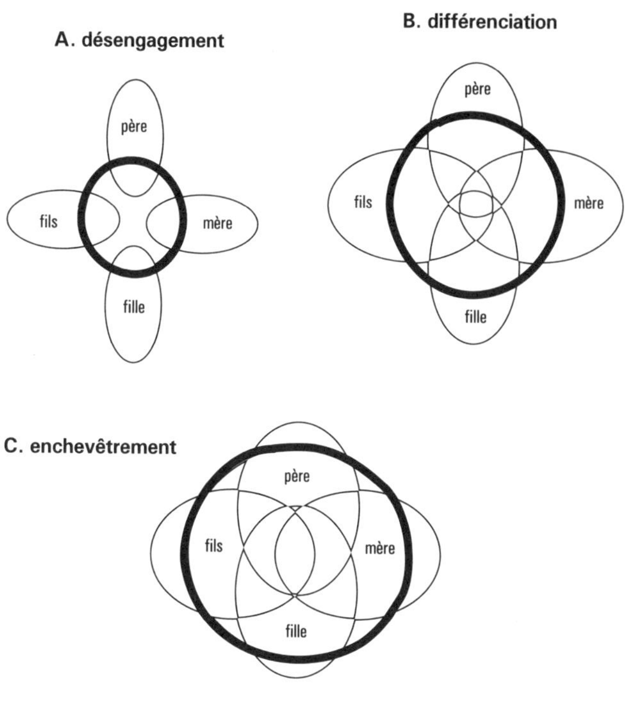

Dans un but analytique, la réciprocité et l'individuation peuvent être commentées séparément, mais en fait elles se chevauchent dans ce qu'il est convenu d'appeler différenciation. Le désengagement, la différenciation et l'enchevêtrement sont représentés figure 1. En gras, le domaine de la famille et en maigre celui de chaque membre de la famille.

Dans la famille désengagée (A), les existences respectives se touchent à peine, chacun vit isolé psychologiquement.

En (B), la famille différenciée, les existences se rejoignent au quotidien, mais chaque individu est également engagé dans des activités étrangères à la famille. Chacun a sa propre activité et sa propre identité, et est donc activement et résolument engagé envers les autres. Bien qu'une part essentielle de l'identité de chacun provienne de la famille, une part également importante se trouve au-delà du domaine familial.

En (C), la famille enchevêtrée, les existences de tous sont inextricablement emmêlées. Chaque membre de la famille a peu d'identité au-delà du domaine familial. Et même à l'intérieur de la famille, il y a peu d'espace pour une quelconque indépendance. Celui ou celle de cette famille qui tenterait de se dissocier des autres risquerait de passer pour traître et subirait des pressions de leur part.

Inutile de dire que le degré de cohésion nécessaire pour produire une famille solide variera de l'une à l'autre et d'une étape de la vie à l'autre. Par exemple, le degré de fusion sera plus élevé dans la plupart des familles où les enfants sont encore petits, les liens émotionnels entre parents et enfants étant primordiaux. Lorsque les enfants deviennent adolescents, ils devront apprendre à se désengager émotionnellement, pour acquérir l'indépendance nécessaire à leur départ dans l'avenir. Néanmoins, la famille aura construit pour eux et pour leur vie entière une proximité, une loyauté et une connivence décisives.

L'adaptabilité

Un second critère important pour juger la vie de famille est l'adaptabilité, la capacité de s'adapter. Les familles dotées d'un degré très élevé d'adaptabilité tendent à être anarchiques. Elles manquent des structures et des perspectives nécessaires pour être stables et sûres. À l'opposé, les familles rigides ont un très faible degré d'adaptabilité et risquent également le déséquilibre. Ces familles ont créé un système tellement compact qu'elles n'ont en rien la souplesse nécessaire aux périodes de changement et de transition.

La vie des familles fonctionnelles, saines, se caractérisera par une adaptabilité mesurée. La double dimension de flexibilité et de stabilité marque la famille bien ordonnée. Ici, on a un sens de l'ordre qui comprend à la fois souplesse et organisation. On peut observer la différence de style familial au moment des repas. Dans les familles anarchiques, le repas du soir, par exemple, n'a pas d'heure établie, les uns et les autres vont et viennent, se mettent à table ou se lèvent de table à leur convenance. Dans les familles rigides, il est entendu que le repas a lieu à dix-neuf heures pile et qu'il ne peut en être autrement. Dans les familles souples et stables à la fois, le repas est prévu à une certaine heure, mais cela peut varier si nécessaire, et avec l'accord de tous. Il est important de noter que plusieurs types différents de familles sont susceptibles d'être fonctionnels et équilibrés. Ce sont les extrêmes qui connaissent des difficultés.

La communication

Il paraît probablement plus de livres sur la communication dans la famille que sur aucun autre sujet, tant celle-ci est primordiale pour bâtir une famille solide. La dynamique d'une bonne communication s'appuie sur une expression et une perception claires. La clarté de perception appartient plus précisément au destinataire du message. Elle suppose une écoute attentive, la capacité de saisir les intonations, la gestuelle du locuteur, et la volonté de demander des explications si nécessaire. Les membres des familles bien ordonnées ont une sensibilité aux autres qui leur permet de se mettre à leur place et de comprendre la situation dans laquelle ils se trouvent, ce qui favorise le ciblage de la communication et une juste réponse.

L'aspect le plus évident d'une bonne communication, la clarté d'expression, appartient au locuteur. Les membres des familles solides sauront communiquer leurs sentiments, leurs souhaits et leurs désirs sans ambiguïté. Dans ces familles, il y aura un minimum de tromperie. La clarté des messages est souvent l'effet d'un accord entre les mots et les gestes. L'attention que l'on y apporte garantit une communication qui atteint son but.

Les rôles

La suggestion de Shakespeare que le monde est une scène et que nous sommes simplement des acteurs et des actrices donne un éclairage dramatique aux relations familiales. Chaque membre de la famille a un rôle à jouer. Ces rôles sont habituellement définis par la famille comme ensemble. Dans une famille avec deux enfants, chacun a au moins deux rôles à remplir: les adultes ceux d'époux et de parents, les enfants ceux de fils/fille et de frère/sœur. Et, bien sûr, chacun a un rôle à tenir en dehors de la famille.

Les conflits portant sur les rôles sont ordinairement caractéristiques des familles fragiles. Par exemple, le mari et la femme peuvent l'un et l'autre désirer travailler à l'extérieur et que l'autre époux ait la responsabilité du ménage et des enfants. Les familles hautement performantes, au contraire, se caractérisent par un consentement général sur les rôles respectifs. Dans le cas cité, le mari et la femme pourront décider de se partager les responsabilités domestiques de façon à pouvoir travailler l'un et l'autre à l'extérieur. Notez qu'ici la question n'est pas de savoir qui joue quel rôle, mais s'il y a consentement mutuel au sujet des rôles.

Un autre aspect de la distribution des rôles concerne le démarcage entre générations dans la famille. Les familles solides ont su définir clairement la ligne de partage entre le sous-système parental et le sous-système de la fratrie. Cette ligne de partage est trop floue lorsque, par exemple, un frère ou une sœur commence à jouer le rôle de parent auprès de ses frères et sœurs. Évidemment, si Papa et Maman sortent le soir, l'aîné sera chargé de surveiller son ou ses cadets. Dans les familles saines, ce rôle est purement épisodique. Mais s'il se poursuit en présence des parents, il y a confusion de générations.

Dans les familles fonctionnelles, la distinction entre générations est claire mais perméable. C'est-à-dire que les membres de la famille ont la liberté d'assumer des rôles différents. Par exemple, on peut jouer à inverser les rôles, les parents se comportant comme des enfants et les enfants comme des éducateurs. Sortir occasionnellement de son rôle, c'est faire preuve de souplesse. Une mère jouera à la dînette avec ses enfants, ou ceux-ci réconforteront leurs parents qui rentrent fatigués ou découragés de leur travail, mais cela ne devrait pas être leur rôle habituel.

Bien que la souplesse dans les rôles et une certaine perméabilité des échanges soient importantes, les frontières entre générations sont parfois trop diffuses. Il n'est pas bon que l'un des époux soit un enfant pour l'autre, ou qu'un enfant devienne une sorte de père ou de mère pour ses frères et sœurs, voire pour ses parents eux-mêmes. Un tel saut de génération risque de conduire à des relations problématiques s'il s'établit comme un statut permanent. Un autre exemple est celui de frères et de sœurs qui sortent de leur rôle, soit pour régresser, soit pour prendre une position qui n'est pas celle de leur âge. Les grands-parents tenteront parfois de prendre la place qui revient normalement aux parents. Cela se produit lorsqu'ils veulent avoir le dessus, ou parce que les responsables directs ont abdiqué leurs responsabilités. Mais quelle que soit la raison, il y aura confusion et danger pour les membres de la famille.

En combinant ces deux approches, systémique et évolutive, nous avons tenté de représenter un système évolutif vigoureux. Notre description d'une famille solide s'appuie sur les observations cliniques et sociologiques du type de famille le plus fonctionnel dans les sociétés occidentales. En ajoutant cette description aux fondements bibliques des relations familiales présentés au chapitre premier, nous avons jusqu'ici deux modèles pour la famille. Nous pensons que c'est là le point de départ nécessaire pour une vision intégrée du mariage et des relations familiales.

Dans les prochains chapitres, nous présenterons à la fois des données sociologiques et bibliques. Nous utiliserons le modèle théologique du chapitre premier pour associer ces deux sources de données. Cette dernière tâche, essentielle, est néanmoins délicate et difficile. Nos présupposés chrétiens comportent des valeurs et des orientations qui influenceront notre compréhension de la littérature sociologique concernant la famille. De même, les présupposés de la sociologie interviendront lorsque nous essayerons de comprendre comment les Écritures s'appliquent à la famille contemporaine.

DEUXIÈME PARTIE

Le mariage : fonder une famille

La vie de famille vient après le mariage, bien que chacun ait, avant le mariage, grandi dans une famille. Lorsque deux personnes se marient, elles apportent avec elles leurs souvenirs et leurs expériences de cette vie de famille antérieure. La formule selon laquelle on est six dans le lit conjugal est une façon de prévenir les jeunes époux qu'ils amènent leurs parents dans cette union.

Le chapitre trois s'intéressera à l'union de deux individus et à leurs familles respectives. Le chapitre quatre sera consacré à la constitution d'un mariage solide. Le chapitre cinq montrera les éléments constitutifs d'une relation conjugale évoluant sur la base des principes bibliques.

3

À la recherche d'un partenaire

Dans toutes les sociétés, il y a un moment où les célibataires cherchent à se marier avec une personne du sexe opposé. Puisque le début du mariage constitue la première phase de la vie de famille, ce choix est un préliminaire indispensable.

La vie de famille implique l'union de deux personnes qui ont des enfants, qui les élèvent et qui un jour s'en séparent. Au moment du choix, les jeunes gens quittent leurs parents pour fonder leur propre famille. Il est donc indispensable de comprendre cette étape du cycle de la vie familiale pour comprendre toutes celles qui suivront.

Le choix du partenaire dans les cultures traditionnelles

Dans les sociétés occidentales, ce choix est habituellement une affaire très personnelle. Les célibataires se courtisent et choisissent eux-mêmes la personne qu'ils désirent épouser. Contrairement à l'opinion courante, cette façon de faire est assez récente. Dans la plupart des sociétés au long de l'histoire, le choix des époux était exclusivement le fait des parents, dont l'âge et l'expérience étaient gage de sagesse en une matière aussi importante.

Dans le contexte interculturel, le choix des partenaires va des mariages arrangés par les parents à la liberté totale. Dans les sociétés qui pratiquent l'arrangement par les parents, il s'agit davantage de liens noués entre des familles qu'entre deux individus.

Dans les sociétés où les mariages sont arrangés par les parents, on trouve deux systèmes dominants: celui du prix de la mariée et celui de la dot. Le premier système est caractéristique des économies de subsistance, où le travail de la femme est hautement évalué. En échange de la mariée, sa famille reçoit différents biens de celle du fiancé. Le système de la dot est pratiqué dans les sociétés agraires, où la famille est organisée pour vivre de sa propre exploitation. La dot consiste en biens que les parents donnent à leur fille célibataire pour la rendre attractive sur le marché du mariage. Dans ce système, l'épousée apporte sa dot avec elle dans le mariage.

De nos jours, le système des mariages arrangés est battu en brèche partout dans le monde. Le modernisme a modifié l'environnement, les pays en voie de développement s'efforcent d'accélérer le processus de modernisation. L'acceptation de ces changements agit avec force dans le sens de l'individualisme, avec pour conséquence le rejet progressif des mariages arrangés par les familles élargies. À leur place, on a vu émerger la famille nucléaire, et l'amour romantique à la base du mariage.

Dans les sociétés traditionnelles, les jeunes sont de plus en plus exposés, à travers les médias, à la tentation de l'amour romantique. La plupart sont familiers des films américains et d'Europe occidentale, à la pop music et aux magazines qui prônent l'amour romantique. En les découvrant, ils ne contestent pas d'emblée la tradition ancestrale, mais au niveau de leur inconscient des idées nouvelles commencent à miner les anciennes, idées nouvelles qui sont adoptées par séquences:

1. deux personnes devraient être amoureuses pour se marier;
2. seules ces deux personnes, directement concernées, peuvent déterminer si l'amour est présent dans leur relation;
3. l'amour romantique est particulièrement valorisé dans un environnement social où les jeunes célibataires des deux sexes peuvent se fréquenter en se donnant des rendez-vous.

En réponse à ces idées nouvelles, les parents voudront peut-être tenir compte de l'avis de leurs enfants et les consulter au sujet de la personne choisie pour eux. Peut-être même laisseront-ils aux jeunes gens le temps de se fréquenter et de tomber amoureux. Néanmoins, les jeunes se sentiront de plus en plus concernés par le choix de leur partenaire, ils voudront également fréquenter d'autres personnes du sexe opposé, ce qui change tout. En outre, au nom de la notion occidentale de compatibilité, les jeunes réclameront la liberté de connaître plusieurs partenaires, à la recherche de l'amour et de la compatibilité personnelle à la fois.

C'est au sujet des rendez-vous qu'apparaissent fréquemment des tensions entre les parents et leurs enfants, car le contrôle du choix des partenaires échappe désormais aux premiers. Quand deux jeunes sont amoureux et décident de se marier, les arrangements parentaux ne sont plus qu'une formalité, qui disparaîtra peut-être complètement un jour ou l'autre.

Le choix des partenaires dans la société moderne

Dans les sociétés occidentales, principalement à cause de la notion d'amour romantique, ce choix est devenu la prérogative des deux personnes directement concernées.

La fonction de l'amour romantique

Le choix du partenaire dans les sociétés occidentales se comprend en fonction de l'amour romantique. Bien que ce concept ne soit pas exclusivement propre à l'Occident, il est généralement admis que son apparition date du XIe siècle, à l'époque où l'amour courtois était à la mode dans la classe privilégiée. L'amour courtois impliquait une relation romantique entre une aristocrate mariée et un chevalier ou un troubadour célibataire. La littérature dépeint un chevalier partant pour la bataille, motivé par l'amour de sa dame, ou un troubadour donnant la sérénade à une jeune femme sur son balcon par une nuit de lune. Selon cette version ancienne, l'amour vrai n'était durable que s'il n'y avait ni sexe ni mariage.

Ce concept d'amour courtois introduisit la dimension sentimentale dans la relation entre l'homme et la femme, inhabituelle dans la plupart des mariages qui, à l'époque étaient avant tout des mariages de raison. Au XVIe siècle, le courtisan de la noble dame devient son amant, ils ont des relations sexuelles. Aux XVIe et XVIIe siècles, la classe moyenne montante prônait l'amour romantique, mais aussi la fidélité dans le mariage. Le dilemme fut résolu lorsque l'objet d'amour, de femme mariée devint une femme célibataire. Aux XVIIe et XVIIIe siècles, les mariages arrangés par les familles et l'amour romantique coexistaient. Mais au XXe, dans les sociétés occidentales, demander aux parents la main de leur fille devint une simple formalité.

Pendant la première moitié du XXe, le concept d'amour fou atteint son paroxysme. Une certaine confusion régnant à ce sujet, les gens éprouvaient des difficultés à savoir s'ils s'aimaient d'amour vrai. La plupart des intéressés voient l'amour au sens d'être aimé par l'autre plutôt que de l'aimer soi-même. Aimer est un art qui s'apprend, comme on apprend à jouer d'un instrument de musique, un art qui exige de l'exercice, de la discipline, de la patience et une motivation profonde. Ceux qui «se mettent à l'amour» devront faire preuve de générosité, d'attention, de responsabilité, de respect et d'ouverture. Ceux qui veulent se sentir amoureux devront d'abord agir en amoureux. Selon un thérapeute de couple, l'amour romantique est une drogue dangereuse, c'est «un état maladif temporaire apparenté au désordre mental, une intoxication narcissique qui n'a rien à voir avec le fait d'aimer, mais plutôt une réponse critique qui déclenche une crise plus grave».

Sur la base d'observations cliniques, on a cherché à relier amour romantique et amour érotique. Les trois principaux aspects de ce dernier sont: l'attirance vers l'autre et le désir d'être sexuellement et psychologiquement intime avec lui; l'idéalisation de l'être aimé, considéré comme nécessaire au bonheur; enfin, les difficultés de relation dues à une surestimation de l'autre personne.

Autour des années 1950, dans les sociétés occidentales, ce processus d'élection franchit une nouvelle étape sous l'appellation d'amour romantico-rationnel. Ce nouveau style amoureux associe des considérations de compatibilité à l'amour vrai. Rares sont ceux qui se marient sans amour, mais aussi rares ceux qui se marient seulement par amour. L'amour romantico-rationnel est surtout le fait de gens cultivés qui se marient leurs études terminées. Aujourd'hui, le mariage est à part égale une décision réfléchie et une réaction émotionnelle à l'égard d'un partenaire.

La notion d'amour romantique est assez complexe, elle comporte trois dimensions: l'engagement, composante cognitive; l'intimité, composante émotionnelle de l'amitié; et la passion, composante motivante. Ces éléments sont tout à fait comparables aux notions des anciens Grecs, *agapè*, *philia*, *éros*. C.S. Lewis a écrit sur ces formes de l'amour un livre brillant intitulé *Les quatre amours* (1960). Agapè, don de soi, correspond à l'engagement; philia, amitié fraternelle, correspond à l'intimité; éros, désir physique de l'être aimé, correspond à la passion.

Il y a quatre types de relations amoureuses. L'amour complet comporte à parts égales agapè, philia, éros. Dans les sociétés occidentales, la passion tend à dominer la relation amoureuse à ses débuts; l'intimité suit, puis l'engagement. Bien que ces trois dimensions soient importantes dans un mariage chrétien, une cour qui commence par un engagement à l'égard de la partenaire crée des conditions favorables à l'épanouissement de l'intimité et de la passion une fois le mariage consommé. La relation idéale est celle qui met en évidence, avant le mariage, l'engagement, l'intimité et la passion à parts égales.

Dans l'amour-don-de-soi, l'engagement prédomine. La résolution de fidélité et de dévouement dans l'amour prise par le couple est le préalable au mariage le plus souhaité dans de nombreuses sociétés. L'engagement est un élément critique dans les mariages arrangés. Il est notoire que ces mariages tournent beaucoup plus rarement au divorce que les mariages d'amour. Cette statistique, cependant, ne permet pas de conclure que les mariages arrangés soient plus aptes que les autres à réaliser l'idéal chrétien. En effet, comme il y a une intimité et une passion potentielles à développer, la structure familiale dans les sociétés traditionnelles peut entraver le développement de l'intimité et de la passion. En outre, l'engagement qui préserve ces mariages risque d'être davantage un engagement à l'égard de la famille et de la communauté (qui condamnent sévèrement le divorce) que le don de soi réciproque des époux.

Dans l'amour amitié, l'intimité prédomine. Bien que peu de relations basées sur la seule amitié conduisent au mariage, l'amitié est un facteur important dans la relation conjugale. Nombreux sont ceux qui décrivent leur partenaire comme leur meilleur ami. D'autres se plaignent du fait que l'amitié entre les époux soit trop forte pour qu'ils éprouvent de la passion l'un pour l'autre. Cela conduit à l'insatisfaction dans le mariage.

Dans l'amour-passion, la passion prédomine. Certaines relations se nouent sur un coup de foudre, qui parfois conduit à un mariage précipité. Une pareille relation n'a généralement pas la stabilité d'engagement nécessaire au mariage. Mais comme la passion en elle-même ne dure pas, l'amour-passion se consume ordinairement avant que le couple n'en vienne au mariage.

Les théories du choix des partenaires

Au regard de la subtilité et de la complexité des comportements galants à l'heure actuelle, les spécialistes de la famille ont été mis au défi d'expliquer le processus d'élection d'un partenaire. Un des aspects les plus étudiés de cette question est le degré de ressemblance ou de dissemblance qui commande ce choix. Si le «qui se ressemble s'assemble» et «les contraires s'attirent» sont vrais, il y a des angles sous lesquels mari et femme sont à la fois pareils et différents l'un de l'autre.

La théorie du qui se ressemble s'assemble. Des études ont montré que l'endogamie[1] ou la similitude des milieux sont des facteurs clés dans le choix du partenaire. Ces facteurs comprennent la race, l'appartenance ethnique, la religion, l'éducation, le métier et la proximité géographique. Il faut noter que certains de ces facteurs sont en relation directe avec la possibilité de se rencontrer. Par exemple, le côtoiement sur le lieu de travail offre la possibilité de considérer quelqu'un comme un partenaire conjugal potentiel, c'est la raison pour laquelle il est très courant que des gens travaillant dans le même secteur se marient. De même des caractéristiques et des intérêts personnels communs, tels que les convictions religieuses ou politiques, les valeurs morales, les goûts, l'intelligence, la taille, le poids et l'apparence physique, jouent un rôle déterminant. Autre observation importante: la plupart des gens semblent épouser des partenaires dotés du même type d'ego. Une personne qui a peu d'estime de soi tend à épouser quelqu'un de semblable, et ainsi pour l'extrême opposé.

La théorie des contraires qui s'attirent. Cette deuxième théorie n'est pas aussi évidente que la première. Les études suggèrent cependant que, quand cela se produit, des facteurs de personnalité sont en jeu. Des personnes dominatrices ont tendance à épouser des personnes soumises, des personnes maternelles à épouser des personnes qui ont besoin d'être chouchoutées. Il semble qu'il y ait là un désir inconscient de compenser une déficience personnelle en choisissant quelqu'un qui apporte ce qui fait défaut.

La théorie du filtre. L'endogamie, l'homogamie[2] et les besoins complémentaires sont les trois filtres qu'un partenaire potentiel doit traverser. Le premier filtre, le plus large, est celui de l'endogamie. En effet, la plupart des individus se choisissent dans le même milieu. Le deuxième filtre, l'homogamie, est plus étroit et plus sélectif: seuls ceux qui sont dotés des mêmes caractéristiques et qui partagent les mêmes intérêts le traversent, des rencontres ou des rendez-vous permettant de décou-

1. Obligation, pour les membres de certaines tribus, de se marier dans leur propre tribu.

2. Mariage entre personnes d'un même groupe social.

vrir quelles personnes remplissent de telles conditions. Le dernier filtre, celui des besoins complémentaires, est le plus éliminatoire. Alors qu'un certain nombre de partenaires potentiels peuvent satisfaire aux deux premiers filtres, très peu auront le profil précis correspondant au troisième.

La théorie stimulus-valeur-rôle. Cette théorie est semblable à la précédente, à cette différence près qu'elle considère le choix des partenaires comme un marché libre dans lequel chacun essaye de trouver le meilleur partenaire possible en fonction de ses atouts. Au niveau du stimulus, des facteurs tels que l'attirance physique, la compétence, le statut social tout ensemble rapprochent les individus. Plus le mélange de ces traits s'équilibre, plus il y a de chances que ces personnes se conviennent. Ils passent alors au plan de la valeur, pour mesurer la compatibilité de leurs principes et de leurs convictions. Peu de relations atteignent le niveau du rôle, où chacun vérifie si ses propres attentes sont en mesure d'être comblées par lui ou par elle. Une relation qui franchit ces trois niveaux peut culminer dans le mariage. Cependant, certains couples se lancent dans le mariage en n'ayant franchi que le niveau un ou deux. Alors, le risque d'échec est élevé.

La théorie de la dyade[1] *constituée.* Cette théorie est la plus élaborée. Elle envisage la relation amoureuse comme se développant en six étapes, dans un ordre croissant d'importance:

1. la perception de similitudes en matière de milieu, de valeurs, d'intérêts et de personnalité.
2. l'établissement de rapports dans lesquels apparaissent la facilité de communication, l'estime réciproque, le plaisir de se fréquenter.
3. le dévoilement de soi.
4. l'anticipation du rôle que chacun tiendra dans le mariage.
5. l'ajustement des rôles en fonction des besoins de chacun.
6. enfin, la cristallisation dyadique par engagement commun, établissement de frontières autour de la relation et naissance d'une identité de couple.

Les théories de la roue et du remontoir. Selon la théorie de la roue, l'amour hétérosexuel est une relation primaire sur

1. Groupe de deux personnes.

laquelle nos sociétés occidentales ont mis un accent particulier. La relation typique entre un homme et une femme comprend quatre phases:

1. le rapport: en venir à se sentir à l'aise ensemble.
2. la révélation de soi: être ouvert et réceptif à l'autre.
3. la dépendance mutuelle: prendre conscience du besoin que l'on a de l'autre comme confident.
4. l'épanouissement par l'intimité: découvrir en l'autre qu'il satisfait notre besoin d'être compris.

Cette théorie a une variante qui décrit l'amour hétérosexuel comme un cycle au long duquel la relation amoureuse s'approfondit de plus en plus, comme si on remontait le mécanisme d'une horloge. La relation amoureuse cessera de progresser lorsque un des partenaires sera incapable de passer d'un des quatre niveaux ci-dessus au suivant.

Une perspective chrétienne

Dans leur ensemble, les différentes théories de l'élection des partenaires s'accordent avec le modèle théologique des relations familiales que nous avons présenté au chapitre premier. Cela deviendra tout à fait clair par la description de ce que devrait être le choix du partenaire s'il se faisait en accord avec les principes énoncés dans notre modèle théologique.

Au début de la relation, il y a un minimum d'engagement entre les deux personnes. Cet engagement grandissant, le sentiment de confiance et de sécurité grandit aussi. De même pour la grâce, qui se traduit par l'acceptation du partenaire et par l'estime que l'on éprouve à son égard. La présence de la grâce donne un sentiment de sécurité, parce que les différences sont respectées et les erreurs, s'il en survient, pardonnées. Les partenaires sont appréciés et acceptés pour ce qu'ils sont, et non pour ce qu'ils pourraient être ou sont aux yeux des autres.

Par la grâce, un processus d'édification réciproque se fait jour. Aux premiers temps de la relation amoureuse, s'il y a peu d'engagement et d'acceptation, chacun tend à trouver chez l'autre une compréhension de ses besoins personnels, chacun pense davantage à ce qu'il peut retirer de la relation qu'à ce qu'il entend y apporter. Certaines relations d'approche s'appuient parfois sur l'addiction réciproque. Dans une relation addictive, les partenaires sont tellement dépendants de leur demande personnelle que ni la relation ni les individus ne progressent. Ce sont souvent des relations possessives qui génèrent trouble, jalousie et chaos. Ce dont les personnes en relation addictive auraient besoin, c'est d'une aide désintéressée, et ce dont elles n'ont pas besoin, c'est du type de conditionnement qui perpétue l'addiction.

Le modèle de l'édification montre que l'amour est capable de s'élever au-dessus de l'échange égocentrique. La grâce et l'engagement profond imprègnent chaque partenaire du désir d'élever l'autre par le don de soi réciproque, ce qui implique à la fois d'être intéressé par ses progrès et de trouver les moyens qui l'aideront à s'accomplir. Il faut, pour cela, se mettre au service l'un de l'autre.

Nous vivons dans une société qui vise la satisfaction immédiate. Cet état d'esprit mène à des rencontres «ciblées», comme l'intimité pour une nuit sans autre idée d'engagement.

Mais dans notre modèle théologique, l'intimité comporte la connaissance, la compréhension et le souci du partenaire; il ne s'agit pas seulement d'une relation sexuelle. En conséquence, l'intimité se développera comme fruit de l'engagement, de la grâce, de l'édification, et non comme la condition de ceux-ci. Pour jeter les fondations de notre modèle, ceux qui se courtisent ne craindront pas de s'exposer à être connus. Ils enlèveront leurs masques et banniront les faux-semblants de la superficialité. Animés du profond désir de se découvrir l'un l'autre, ils seront plus intéressés par l'être aimé que par le plaisir d'une relation sexuelle. Une telle intimité réalisera les points forts de notre modèle.

Discerner la volonté de Dieu

Comment des chrétiens décideront-ils de se marier ?

Trois démarches se révéleront utiles dans la recherche de la volonté de Dieu pour le mariage. Premièrement, prier, étudier la Bible et la méditer. Deuxièmement, demander le conseil des parents, d'autres membres de la famille, d'amis qui, connaissant bien le couple, ses atouts et ses lacunes, donneront leur point de vue. Il sera aussi utile de participer à une session de préparation au mariage ou de s'adresser à un pasteur ou à un conseiller conjugal qui aidera le couple à clarifier ses attentes. Troisièmement, celui-ci devrait chercher conseil auprès de responsables chrétiens dont il se sent proche.

Le danger c'est que ceux-ci n'abusent de leur pouvoir. Ces responsables ne sont que des hommes, capables d'agir pour des motifs rien moins que spirituellement désintéressés. Il existe des assemblées dans lesquelles la soumission au responsable dans un domaine tel que le mariage est considérée comme une forme de fidélité, et le refus de suivre ses instructions comme un péché.

4
Établir un mariage solide: les premiers pas

Dans la plupart des cultures, le mariage implique plus que la seule union de deux individus, c'est également l'alliance de deux familles entières.

Résoudre les problèmes liés à la famille d'origine
Le modèle des parents

Le modèle des parents exerce une forte influence sur les enfants, par la communication verbale, bien entendu, mais peut-être plus encore par le comportement. Les enfants apprennent beaucoup sur le mariage en observant la façon de communiquer de leurs parents, comment ils expriment leur amour, leur affection et leur colère.

Des recherches montrent que quand une situation donnée se présente dans notre propre famille, nous réagissons exactement comme nos parents l'auraient fait. Une jeune femme témoigne des colères de sa mère lorsque son père rentrait tard, et elle est bien décidée à laisser à son propre mari le bénéfice du doute. Néanmoins, quand cela se produit, elle explose de colère contre son mari avant qu'il se soit expliqué. Le mari qui reprochait à son père de ne pas prévenir qu'il serait en retard oublie lui-même de le faire.

Les jeunes mariés doivent faire un effort pour reconnaître et corriger les comportements fautifs qu'ils ont hérités de leurs parents.

Le soutien

Les recherches montrent que le soutien moral et matériel des parents comme des amis et connaissances est un facteur très important pour la consolidation du couple. Dans l'ordre idéal, si les enfants s'éloignent du foyer pour les études ou le travail, leurs parents continuent à les soutenir moralement et financièrement. Cela implique à la fois différenciation et solidarité bien ordonnées.

Il est impératif pour le couple d'être financièrement et fonctionnellement indépendant. Le principe d'édification s'applique ici. Les parents fortifient leurs enfants en leur apportant l'aide et le réconfort qui les conduisent à l'indépendance et au respect mutuel plutôt qu'à un sentiment de dette et d'obligation. Plus les parents donnent sans contrepartie, plus les jeunes auront de chances d'établir un mariage solide.

La différenciation

L'identité d'une personne se forme dans sa famille d'origine. L'image que nous avons de nous-même est empreinte de ce que nous croyons que nos parents pensent de nous.

À la puberté, cependant, la différenciation commence. Il s'agit du processus par lequel un adolescent acquiert une identité distincte. Les individus différenciés sont à la fois reliés à leur famille et séparés socialement et psychologiquement d'elle. Ce processus capital de détachement et de détermination de ses propres valeurs et croyances requiert une dose considérable d'énergie émotionnelle, mentale et spirituelle. Les individus ne sont pas prêts pour le mariage tant qu'ils ne se sont pas nettement différenciés de leurs parents.

Il existe deux types de personnes indifférenciées: celles qui sont imbriquées à leur famille d'origine et celles qui en sont désengagées. Dans le premier cas, il n'y a pas de différenciation salutaire; dans le second, il n'y a pas d'apparentement salutaire.

La différenciation pour le couple est décrite en Gn 2:24: «C'est pourquoi l'homme quittera père et mère pour s'attacher à sa femme, et ils deviendront un seul être.» On ne quitte pas son père et sa mère en leur restant inféodé. Ces personnes se révèlent incapables de former une dyade conjugale. D'autre part, il est impossible de quitter son père et sa mère si l'on n'a jamais noué de véritables liens avec eux. Les familles désengagées ont des enfants qui ne savent comment établir des liens conjugaux pour n'avoir jamais vécu la proximité dans leur propre famille.

Les concepts de fusion et de désengagement sont illustrés par la parabole du fils prodigue (Lc 15:11-32). Le fils prodigue se désolidarise de sa famille. Il exige immédiatement son héritage et décide de rompre tout lien social, affectif et psychologique en partant pour un pays lointain. À première vue, c'est un signe d'indépendance et de différenciation, mais il est prématuré.

On imagine, en revanche, que le fils resté à la maison vivait une relation heureuse avec sa famille, mais il n'en est rien. Sa réaction à l'accueil que son père réserve au fils prodigue est révélatrice de non-différenciation. S'il avait été sainement détaché de sa famille, il se serait, lui aussi, réjoui du retour de son frère. Au lieu de quoi sa réaction jalouse révèle la crainte que son père n'ait plus d'amour pour lui, après en avoir tant donné au cadet. Son immaturité le conduit à la possessivité et à la jalousie.

S'ils avaient été édifiés et fortifiés, les deux frères auraient compris qu'ils étaient uniques et de valeur égale malgré leurs différences. Ils auraient su que l'amour existe en abondance et que leur père en avait plus qu'assez pour deux. La sécurité qui naît de cette connaissance facilite la différenciation: le sentiment d'appartenir et d'être séparé tout à la fois.

L'adaptabilité

Ceux qui ont appris à s'adapter dans leur propre famille ont de meilleures chances de réussir leur mariage. La capacité d'adaptation permet d'être plus ouvert aux changements inévitables qui surviendront au long de la vie conjugale.

Mais que se passe-t-il lorsque des personnes issues de structures familiales opposées se marient? Chacun voudra faire valoir son propre style, ce qui présage d'importants conflits. En revanche, si les partenaires proviennent de milieux semblables, ils éviteront ces difficultés. La plupart des couples devront trouver des compromis, et se mettre d'accord sur un certain nombre de règles.

Devenir un seul être

Dès que deux personnes s'engagent dans le mariage, un des quatre types suivants d'interaction apparaît: la compétition, le conflit, le compromis ou l'assimilation. La compétition ou le conflit ne sont pas des qualités majeures pour fonder un mariage solide.

L'assimilation est le processus par lequel deux entités distinctes deviennent une, alors que le compromis est un accord passé entre deux entités distinctes, et qui le restent. Le concept biblique « d'une seule chair » semble de prime abord être celui d'une assimilation. Cependant, la Bible décrit dans les mêmes termes celui qui croit en Jésus. Est-ce à dire que nous perdons notre identité et notre personnalité en devenant chrétiens? Pas du tout!

Dans le mariage, l'assimilation (l'abandon de leur personnalité par les époux) n'est pas chrétienne. Le mariage chrétien ressemble davantage à un compromis consenti par deux personnes qui gardent leur personnalité mais sont d'accord pour s'engager ensemble. Ainsi, les autres connaissent à la fois un couple devenu une seule chair, et deux personnes distinctes.

Devenir un devant Dieu ne signifie pas qu'il n'y aura aucun conflit, aucune divergence entre les époux. Au contraire, là où deux individus s'expriment à égalité, il y aura des conflits.

L'engagement suppose assez d'attention pour écouter, pour chercher à comprendre, et pour élaborer des solutions.

Apprentissage de nouveaux rôles

Dans une certaine mesure, le mariage est une scène sur laquelle les époux jouent plusieurs rôles. Il est utile de penser au mariage comme rôle à anticiper, apprendre et interpréter. Les sociologues parlent, pour expliquer le processus d'adaptation au mariage, de *rôle envisagé*, de *rôle interprété*, de *rôle conflictuel*, et de *rôle personnalisé*.

Le rôle envisagé

Avant que deux personnes ne se marient, chacune s'est mentalement attribué un rôle à elle-même et à son futur partenaire. Quand deux personnes décident de s'unir, elles imaginent ce que sera leur vie ensemble. Nous nous engageons constamment dans une anticipation des rôles que nous aurons à jouer.

La faculté de prendre le rôle de quelqu'un d'autre est un facteur important d'adaptation au mariage. Il est extrêmement important que chaque époux soit capable de voir les choses du point de vue de l'autre.

Le rôle interprété

À la célébration nuptiale, les époux s'engagent effectivement dans le rôle que, jusque-là, ils avaient seulement envisagé. En quelque sorte, au tout début, dans la mesure où ils se sentent mal assurés dans leur nouvelle situation, ils «jouent à».

Nous sommes libres d'envisager des rôles à loisir, mais quand nous en assumons un en réalité, il nous apparaît quelque peu différent de ce que nous imaginions. Les jeunes mariés se sentiront quelque temps étrangers à leurs nouvelles fonctions. Quand on leur demande de se présenter en public, leur embarras est amusant. Bien que tout à fait conscients d'être de jeunes mariés, ils mettront un certain temps à s'y habituer, à trouver leur nouveau rôle naturel.

Le rôle conflictuel

Après avoir «joué» aux jeunes mariés, le couple s'engagera bientôt pleinement dans son rôle. L'investissement émotionnel dans le rôle de mari et femme est considérable, d'où le risque d'affrontement. D'autre part, à cause des espérances nées pendant la période d'anticipation, les débuts du mariage connaissent souvent des conflits, chacun ayant sa propre conception du rôle de chacun.

Les rôles conjugaux, à la différence des rôles dramatiques, sont en perpétuelle évolution. Les attributions de rôles clairement définies dans les premiers temps seront modifiables deux ou trois ans plus tard.

Les ajustements les plus perturbateurs dans le mariage sont ceux que l'on n'a pas clairement définis en temps voulu. Chacun a des attentes inexprimées dont l'autre n'est pas conscient. Par exemple, la femme croit que si son mari est d'accord pour qu'elle travaille à l'extérieur, cela signifie qu'il l'aidera dans le ménage. Si tel n'est pas le cas, elle se retrouve avec une surcharge de travail, et elle éprouve à juste titre de la colère et du ressentiment. Beaucoup de femmes qui ont cru s'engager dans un mariage égalitaire ont appris par la suite qu'il leur restait à devenir des superwomen.

Le rôle personnalisé

Bien que le rôle de chaque conjoint soit objectivement défini par la famille, l'église, la communauté et la société au sens large, il est subjectivement défini par la personne qui en fait l'expérience. Il y a rarement identité entre la définition générale du rôle et celle qu'en donne celui ou celle qui le vit. Parce que chaque individu est unique, le rôle interprété est toujours un rôle personnalisé.

Chacun joue son rôle en fonction de ses goûts et de son style personnel. Les mariages dans lesquels les partenaires ont respectivement une conception arrêtée du rôle de l'autre connaissent inévitablement des problèmes. Dans les mariages sains, chacun désire voir son partenaire remplir le rôle auquel Dieu le destine. Cela mettra ses qualités en valeur comme l'harmonie de la relation.

L'ajustement des rôles dans le mariage

Il y a de nombreuses raisons pour devoir ajuster les rôles dans le mariage: la satisfaction personnelle, les pressions de la société, de nouvelles responsabilités, un nouveau style de vie, ou encore le vieillissement. Quelle que soit la raison, le couple tombera d'accord sur le rôle de chacun. En outre, puisque chacun change constamment, il faut faire constamment preuve de souplesse.

Parfois, le mariage est conçu aux dépens d'un des deux partenaires, dont les aspirations restent insatisfaites. Un des deux, pour répondre aux demandes de l'autre, renonce aux siennes propres. Ceci est en désaccord avec ce que nous pensons de l'ajustement des rôles dans le mariage chrétien. Il doit y avoir satisfaction réciproque. Le couple sain est appelé à être souple et ouvert aux changements qui surviennent dans les rôles respectifs.

5

Le mariage chrétien: un modèle pour la société actuelle

Une erreur commise par certains chrétiens est de considérer le mariage traditionnel comme étant d'inspiration biblique. Une autre erreur consiste à souscrire aveuglément aux idéaux humanistes et à embrasser le mariage libre façon moderne. Le modèle biblique se trouve selon nous entre ces deux extrêmes. Le tableau 3 présente les principales caractéristiques des mariages traditionnel, moderne et biblique, en les confrontant aux quatre composantes de notre modèle théologique: l'alliance (l'engagement), la grâce (l'adaptabilité), l'édification (l'autorité), l'intimité (la communication). Un examen attentif nous montrera que les mariages traditionnel et moderne sont dépourvus d'idéal.

L'engagement

Parce que les lois occidentales en sont venues à traiter le mariage comme un contrat plutôt que comme un engagement, l'idée que mariage égale engagement est souvent mal comprise. Est-il vrai, comme on le pense généralement, que les unions sont moins stables aujourd'hui parce que les gens s'engagent moins que par le passé? Oui et non. Dans le passé, l'accent était mis sur la fidélité au groupe (famille ou communauté) plutôt qu'à l'individu.

Tableau 3

Mariage traditionnel, biblique, et moderne

traditionnel	biblique	moderne
	engagement	
engagement (institutionnel) coercition devoir sexuel (plaisir masculin)	**alliance** (entre partenaires) cohésion sexe et tendresse (plaisir partagé)	contrat (accomplissement de soi) désengagement sexe pour soi (plaisir personnel)
	adaptabilité	
loi prédéterminé (rôles séparés) rigide	**grâce** créatif (rôles interchangeables) adaptable/souple	anarchie indéterminé (rôles indifférenciés) chaotique
	autorité	
pouvoir prescrit autoritarisme (dependance) centré sur le mari	**édification réciproque** soumission réciproque (interdépendance) centré sur la relation	pouvoir possessif absence d'autorité (indépendance) centré sur le moi
	communication	
absence d'expressivité déclarations autoritaires (lois) comportement passif/agressif	**intimité** discussion (négociation) affirmation de soi	pseudo-intimité revendications (impasse) comportement agressif

Le divorce était rare dans le système traditionnel à cause de l'enracinement institutionnel du mariage. Il était impensable parce qu'il transgressait la croyance profondément ancrée que briser le lien institutionnel était moralement répréhensible. La jeunesse des années 1960 allait défier ces idées traditionnelles en affirmant que l'engagement institutionnel n'était pas une raison suffisante pour rester lié par le mariage. Trop de gens se trouvaient asservis aux normes institutionnelles aux dépens de leur épanouissement. Ce mouvement d'idées se poursuivit pendant les années 1970, aboutissant à une attitude narcissique aujourd'hui solidement implantée dans notre culture.

En conséquence, du début des années 1970 à 1980 environ, on vit le nombre des divorces augmenter considérablement. Les personnes malheureuses se tournaient vers le divorce pour enterrer leur passé et repartir à la recherche du bonheur. Comme elles pensaient y avoir droit, cette valeur évinça le caractère sacré du mariage.

Dans le mariage moderne, la fidélité à l'engagement est subordonnée à l'épanouissement personnel. En effet, le principal critère que les sociologues actuels emploient pour mesurer le succès du mariage est le bonheur. L'union est considérée comme réussie lorsque les partenaires se disent heureux. Dans nombre de ces mariages, cependant, les choses se passent comme si le bébé était jeté avec l'eau du bain. Puisque à leurs yeux il manque quelque chose dans le concept d'engagement conjugal au sens institutionnel, la plupart, au nom du bonheur individuel, rejettent toute idée d'engagement. C'est dramatique parce que l'engagement est la pierre angulaire de la relation conjugale. Autrefois, le problème venait d'une définition trop étroite du mariage, tandis qu'aujourd'hui c'est la déclaration profane qui est une définition trop étroite de l'épanouissement.

La solution inclut la perspective biblique: Dieu a créé les humains dans une optique relationnelle. Genèse 2 rapporte que Dieu créa l'homme, vit aussitôt que la solitude ne lui convenait pas et créa la femme. L'homme reconnut la femme comme son égale complémentaire, os de ses os et chair de sa chair. Ils devinrent une seule chair, ils étaient nus sans honte. C'est une image d'interdépendance.

Le mariage est un engagement non seulement institutionnel, mais aussi relationnel. La relation est vitale en elle-même et elle sera nourrie pour grandir.

Une union est solide lorsque les deux respectent l'institution, la relation et la personnalité de chacun. L'engagement à l'égard de la seule institution est du légalisme, et à l'égard de l'autre seulement, de l'humanisme. Un engagement à l'égard de la personne, de l'institution et de la relation crée l'équilibre. Une telle approche reconnaît l'importance à la fois des besoins de l'individu, de la relation et du système social.

Un engagement équilibré sera perceptible dans le domaine sexuel. Dans le mariage traditionnel, le sexe est considéré comme un droit au plaisir pour l'homme et comme un devoir de soumission pour la femme. Dans le mariage moderne, le sexe tend à être égocentrique, centré sur le droit individuel au plaisir. La relation se détériore et la vraie signification de la sexualité se perd lorsque le sexe devient le principal objectif. La Bible préconise la tendresse dans la sexualité conjugale.

L'idéal biblique est beaucoup plus que le plaisir égoïste ou la soumission de l'épouse à l'homme conformément à l'institution du mariage ; c'est apprendre à se souder intimement à tous les niveaux, ceux du corps, de l'esprit et de l'âme.

L'adaptabilité

Dans le mariage traditionnel, les rôles sont séparés. Habituellement, le mari travaille à l'extérieur et la femme s'occupe du ménage et des enfants. La plupart de ceux qui argumentent en faveur des rôles conjugaux distincts ne se rendent pas compte à quel point ce phénomène est récent. Jusqu'à la révolution industrielle, quatre-vingt-dix pour cent des familles vivaient dans des fermes, et les deux tiers encore il y a moins d'un siècle. On ne s'étonnera pas, dans ces conditions, que les rôles n'aient guère été différenciés. Bien que certaines tâches aient été considérées comme du domaine de l'homme ou de la femme, les deux époux se partageaient le travail manuel et l'éducation des enfants.

La séparation des rôles conjugaux ne s'est développée qu'à l'émergence de la famille urbaine. Dans ce type de famille, le mari travaille à l'extérieur, laissant à sa femme le soin des enfants. Il serait difficile de prétendre, preuves historiques ou bibliques à l'appui, que la place de la femme est à la maison, et celle de l'homme à l'extérieur, dans le monde du travail.

Lorsque les avocats du mariage égalitaire s'élèvent contre la ségrégation propre au mariage traditionnel, ils préconisent des rôles indifférenciés, c'est-à-dire l'absence d'attribution de rôles ou de responsabilités donnés. Dans un mariage moderne, les tâches à remplir sont déterminées en fonction d'un système d'échange social. Ce système s'appuie sur la simple affirmation que toutes les relations impliquent dépenses et récompenses. Ce que l'on apporte dans la relation est ressenti comme dépense, et ce que l'on reçoit comme récompense. Le mariage prospère lorsque pour chacun les récompenses dépassent les dépenses. Tant qu'on reçoit autant ou plus qu'on ne donne, pourquoi rejetterait-on la relation?

Nous suggérons que les rôles soient différenciés, mais non ségrégatifs. Dans la ségrégation, il y a des rôles masculins et féminins en soi, sans possibilité d'inversion. Ceux qui défendent cette position s'appuient plutôt sur des préjugés culturels que sur la Bible. La différenciation des rôles, en revanche, signifie que le couple s'entend pour assurer la conduite du ménage en accomplissant des tâches déterminées. Ces tâches seront redistribuées en temps voulu.

Bien qu'il n'y ait pas de versets bibliques traitant spécifiquement des rôles conjugaux, les Écritures enseignent que tout sera fait dans l'ordre et l'harmonie, la considération et l'amour.

De toutes les tâches à remplir, l'éducation est sans aucun doute la plus importante. Dans la famille traditionnelle d'aujourd'hui, essentiellement urbaine, la majeure partie des tâches d'éducation est dévolue à la mère. Le rôle qui incombe au père est négligé, c'est ce qui laisse le plus à désirer en matière d'éducation dans notre société.

Dans le mariage moderne, les rôles et les responsabilités parentaux sont escamotés lorsque les parents ne visent que leur bonheur et leur épanouissement personnels. Certains d'entre eux s'appuient sur les services éducatifs pour échapper à leur rôle (qui devrait être la priorité absolue de leur vie) et satisfaire leurs désirs personnels.

Dans une famille équilibrée, le père comme la mère sont activement engagés auprès de leurs enfants. Aucune indication biblique ne permet de penser que l'engagement de la mère doive être plus important que celui du père dans ce domaine. Les Écritures, au contraire, insistent sur la responsabilité des deux parents, ainsi Ep 6:3-4: «Enfants, obéissez à vos parents, car cela est juste. Honore ton père et ta mère. [...] Et vous, pères, n'irritez pas vos enfants, mais élevez-les en les corrigeant et en les avertissant selon le Seigneur.» Le déclin actuel de la famille est souvent lié au fait que le père n'y tient pas sa place.

Dans le mariage traditionnel, les rôles sont fixés et strictement définis. Il n'y a guère de souplesse quant à la façon de les tenir. Dans le mariage moderne, les attentes sont tellement disparates que les rôles conjugaux en deviennent chaotiques. Le couple équilibré, lui, établira des rôles flexibles et interchangeables en fonction des besoins.

Comme des changements et des cycles familiaux sont à prévoir au long de la vie conjugale, les parents feront preuve de souplesse et d'adaptabilité. La vie de famille est à son meilleur niveau lorsque les règles ne sont ni fixées une fois pour toutes, ni pas fixées du tout.

L'autorité

L'autorité dans le mariage est un sujet particulièrement controversé parmi les chrétiens. Jusqu'à une époque récente, ce mot désignait la domination du mari. Les chrétiens, comme la majorité des gens, acceptaient l'idée que l'homme était le chef et que la femme était soumise à son autorité. Aujourd'hui, cependant, on admet que la soumission va dans les deux sens, que le mari se soumet à son épouse autant qu'elle à son mari, qu'il se met à son service par amour, tout comme le Christ a donné sa vie pour l'Église.

L'opposition actuelle au mariage traditionnel, ainsi que les tendances individualistes, ont contribué à affaiblir l'autorité hiérarchique dans le mariage. Le mariage moderne prône la démocratie, la liberté, l'épanouissement personnel, ce qui érode les modèles traditionnels.

Le système d'échange social entre à nouveau en jeu. L'idée est que deux personnes supporteront durablement une relation conjugale si elles en reçoivent au moins autant qu'elles y apportent.

Le système d'échange social est fondé sur la conviction que les êtres humains sont intrinsèquement égoïstes. En fait, ce système est un assez bon modèle pour décrire comment fonctionnent de nombreux mariages aujourd'hui. Cependant, nous n'acceptons pas sans réserves l'idée que l'égoïsme soit une donnée incontournable. La vision chrétienne est celle d'un amour désintéressé et du dépassement de soi.

Ep 5:21, «Soumettez-vous les uns aux autres dans la crainte du Christ», annonce le verset 25 s'adressant aux maris: «Maris, aimez chacun votre femme comme le Christ a aimé l'Église et s'est livré lui-même pour elle.» Il est clair à partir de ces mots que l'autorité n'est pas à comprendre dans le sens hiérarchique d'une domination de l'homme sur sa femme, mais que son rôle est celui d'un serviteur compatissant. Son modèle est celui du Christ, qui a donné sa vie pour son épouse, l'Église. Et les femmes sont également appelées au don de soi. La soumission réciproque est donc le message conducteur d'Ep 5.

Le mouvement féministe s'est violemment opposé au concept de soumission dans la relation conjugale. C'est en partie dû à la façon injuste dont ce concept a été appliqué dans le passé, mais aussi à la crainte des abus que risque d'engendrer la légitimation du sacrifice de soi dans l'amour. Au concept de soumission mutuelle se substituera celui de sollicitude réciproque. Dans la vision biblique de l'amour conjugal, il s'agit de considérer l'autre comme on voudrait être considéré soi-même. S'il y a sacrifice de soi dans l'amour, c'est sous l'angle de la considération réciproque.

La communication

Dans le mariage traditionnel, la communication verbale se réduit souvent à des déclarations autoritaires plutôt qu'à un dialogue. Le mari comme chef de famille décide sans consulter sa femme. Les conflits sont souvent esquivés. On ne parle même pas de communication, parce qu'être à l'écoute des besoins émotionnels du conjoint n'est pas considéré comme essentiel. Le mariage est un arrangement institutionnel qui procure un statut économique et social.

Dans le mariage moderne, la communication se caractérise par des déclarations et des revendications de la part des deux époux. Quand un conflit éclate, la confrontation est le moyen de mettre les désirs et les frustrations de chacun sur le tapis: «Exprime ouvertement ce que tu attends d'elle ou de lui.» Comparée au modèle traditionnel, cette franchise semble réjouissante, mais les prises de position combattives et les revendications égocentriques empêcheront les partenaires de se manifester leur affection. Déclarer: «Je veux que mes désirs soient satisfaits, peu importe si ça te fait de la peine», conduit à des contre-attaques aussi dures, et à l'échec.

Dans un mariage équilibré, les partenaires s'expriment de façon attentionnée et délicate. Quand l'un parle, l'autre écoute. Ils désirent se faire du bien, ils débattent de leurs désaccords dans le respect des désirs de l'autre et en essayant de comprendre son point de vue.

Les couples salariés

Dans le débat au sujet du mariage, il est indispensable d'évoquer le cas des couples salariés. C'est aujourd'hui la situation de loin la plus fréquente, tandis que celle où la mère reste au foyer fait figure d'exception. Il est bon de réfléchir sur les effets de cette tendance sur les enfants, mais ceux qui veulent défendre la formule d'un seul travaillant à l'extérieur ne doivent le faire qu'en s'appuyant sur la façon dont les rôles conjugaux ont été définis en réaction à la révolution industrielle, et non sur l'autorité des Écritures. D'ailleurs, les contraintes économiques ne laissent guère de choix à bien des familles.

Lorsqu'un couple fait ce choix, la vraie question est de savoir comment gérer cette situation, en ayant à l'esprit les intérêts de tous les membres de la famille. La clé pour y parvenir est d'apprendre à équilibrer travail et famille de façon que ni l'un ni l'autre ne soit perturbé.

Les couples salariés se définissent comme des *concurrents*, des *acrobates*, des *alliés* ou des *associés*. Les concurrents sont plus engagés dans le travail que dans la vie de famille. Chacun voudrait accorder autant de prix à celle-ci qu'au travail, mais préférerait que son partenaire soit celui qui place la vie de famille avant le travail. D'où une relation conflictuelle dont la famille risque de souffrir.

Les couples engagés à égalité dans le travail et dans la vie de famille sont comme des acrobates, car ils doivent en avoir l'agilité pour être performants dans l'un et l'autre domaine. À vouloir assumer autant de tâches à la fois, le couple découvrira tôt ou tard que c'est au détriment du mariage, ou du travail, ou de l'éducation des enfants, ou de son équilibre affectif.

Les alliés sont engagés au même degré dans leur travail et leur ménage, mais ils ont également la capacité d'établir des priorités en distinguant l'essentiel du superflu. Ils sont alliés au sens où aucun des deux n'attend de l'autre qu'il en fasse davantage à la maison. En tant qu'alliés, ils assurent ensemble la subsistance du ménage et l'éducation des enfants.

Les associés acceptent leurs différences. Dans un tel mariage, l'un privilégie le travail et l'autre la maison. Ils choisissent d'équilibrer travail et vie de famille par complémentarité. Alors que les alliés se veulent égaux dans leur contribution au travail et à la vie de famille, les associés estiment que les rôles complémentaires atteignent les mêmes objectifs de façon différente. Les associés mettent à profit leurs qualités respectives plutôt que de s'exténuer à jouer chacun sur tous les tableaux.

La grande leçon pour ces couples est d'apprendre qu'ils ne peuvent pas tout faire mais, en donnant la priorité à l'indispensable, faire de leur mieux.

Au cœur du mariage chrétien

Il semble qu'au cœur du mariage chrétien il y a la volonté de placer le partenaire et la relation en premier. On objectera peut-être que centrer le mariage chrétien sur la volonté est un point de vue occidental. Cette perspective n'est certainement pas juste, car alors la stabilité du mariage reposerait sur le terrain mouvant de la résolution humaine. La tradition juive et orientale comprend le mariage comme un *don*. Il est vu comme un aspect de la vie humaine comportant des virtualités et des responsabilités particulières qui sont de la main du Créateur. Il est considéré comme un don fait simultanément au couple et à la communauté en ce qu'il entraîne des bénédictions et des responsabilités pour les deux.

Soyons ouverts aux considérations culturelles dans notre tentative pour identifier le fondement du mariage chrétien. Il est peut-être sage de mettre en balance don et volonté dans ce mariage. Ne négligeons pas cette tradition juive et orientale selon laquelle le mariage est un don pour le couple comme pour la communauté. Dépassons le point de vue individualiste et admettons que le lien matrimonial est renforcé lorsque le couple invite un groupe à le soutenir et à partager son engagement l'un envers l'autre, envers Dieu et envers la communauté de foi.

TROISIÈME PARTIE

Devenir parents: la famille s'agrandit

Dans cette partie, nous passons de la relation conjugale aux relations entre parents et enfants. Les chapitres suivants présentent quelques éléments pour réussir la vie de famille. Le sixième présente un modèle d'éducation chrétienne qui favorise l'accès des enfants à une saine maturité. Dans le septième, nous envisageons la vie de l'enfant dans la perspective de plusieurs théories développementales. Le huitième traite des angoisses, des tensions de l'adolescence et de l'âge adulte.

6

L'objectif des parents: l'accession de leurs enfants à la maturité

Dans le processus humain de développement, il y a une progression de la dépendance infantile à la maturité de l'âge adulte. Celle-ci est souvent définie comme l'indépendance à l'égard des parents. La plupart des théoriciens du développement, cependant, estiment que la maturité est plus qu'une forme d'indépendance, qu'elle comporte également la capacité d'œuvrer pour le bien des autres.

La notion d'édification, dans la foi chrétienne, implique d'aimer son prochain, de le servir pour l'aider à mûrir spirituellement. Cette définition concorde avec la littérature sociologique consacrée au type d'éducation qui aide les enfants à mûrir. Le modèle parental que nous présentons ici s'attache aux interactions de la relation parents/enfants. Parents et enfants se développent et mûrissent à travers ce processus global. Nous croyons que notre modèle, axé sur l'accompagnement des enfants vers la maturité, est une alternative nécessaire à d'autres modèles chrétiens axés sur le contrôle et le pouvoir. Notre modèle vise à faire naître l'espoir et le progrès chez les parents et les enfants dans leur cheminement commun vers la maturité.

Les composantes de base des différents styles d'éducation

Voyons ce que dit la littérature sociologique des différents styles parentaux possibles. Auparavant, il serait utile de considérer certaines de leurs composantes, à savoir les conceptions de la discipline et de l'autorité.

Les conceptions de la discipline

D'anciennes recherches portant sur les relations parents/enfants distinguaient entre les attitudes *permissives* et les attitudes *disciplinaires*. Dans le premier cas, sans nier la nécessité d'une discipline, on affirme que c'est de chaleur et de sécurité que les enfants ont le plus grand besoin. De son côté, l'école disciplinaire, sans rejeter l'affection parentale, insistait sur la discipline, la responsabilité et la maîtrise de soi.

Des recherches plus récentes gardent la même approche mais en utilisant les termes de *contrôle* et de *soutien* au lieu de discipline et de permissivité. Le soutien consiste à faire en sorte que les enfants se sentent à l'aise en présence de leurs parents, acceptés et considérés par eux comme des personnes. Par le contrôle, les parents poussent leurs enfants à se comporter selon une ligne de conduite qu'ils leur imposent et des limites à ne pas franchir.

On distingue trois types de parents: les *équilibrés*, qui pratiquent une combinaison de contrôle et de soutien favorisant chez les enfants le développement d'une compétence optimale; les *autoritaires*, dont les enfants, respectueux de l'autorité, deviennent peu indépendants et peu sociables; les *permissifs*, dont les enfants manquent plutôt de compétence dans la vie sociale.

Derrière la controverse entre les écoles disciplinaire et permissive, il y a la question de savoir si le châtiment corporel est indiqué pour obtenir la soumission d'un enfant. Les parents du style équilibré approuveraient-ils les fessées comme moyen de contrôle? Alors que les spécialistes s'opposent en la matière, il est compréhensible que beaucoup déconseillent cette pratique à cause des maltraitances dont souffrent tant d'enfants.

Malheureusement, les notions de discipline et de punition sont souvent confondues dans notre société. Les châtiments corporels sont prônés par certains chrétiens sur la base de certains versets bibliques tels que «Celui qui ménage son bâton a de la haine pour son fils» (Pr 13: 24). Mais il faut se souvenir que le bâton, dans la culture pastorale de l'A.T., était utilisé pour guider les brebis, non pour les battre. Notez que le verset ajoute: «Mais celui qui l'aime cherche à le corriger.»

Ce ne sont pas les pratiques disciplinaires à elles seules, mais comment on les administre et dans quel contexte culturel, qui déterminent leur efficacité et leurs effets à long terme. Les parents équilibrés assumeront le risque mesuré de l'aversion de l'enfant «corrigé», pourvu que cela se passe dans le contexte chaleureux, responsable et raisonné d'une relation parentale et filiale.

Certains estiment qu'avec des petits de deux à six ans les châtiments corporels, judicieusement appliqués et accompagnés de réprimandes verbales, sont efficaces pour corriger une mauvaise conduite. Disons que ces châtiments combinés avec d'autres moyens *peuvent* avoir un certain effet sur les petits. Mais ils resteront exceptionnels, car ils ont également des effets indésirables et inattendus, comme la violence des enfants battus auprès de plus jeunes.

Les châtiments corporels se révèlent réducteurs, alors que faire prendre conscience aux enfants des conséquences logiques et naturelles de leurs actes est le meilleur moyen de les «élever». On leur apporte ainsi un contrôle intérieur, à la différence des punitions qui s'appuient sur des moyens extérieurs. Efficace pour éliminer certains comportements, le châtiment corporel apprend à l'enfant que c'est la force qui compte et risque de lui inspirer un désir de représailles, ou la tentation d'user de moyens plus ou moins sournois.

Dans une atmosphère de respect réciproque, il y aura fermeté sans domination. Il s'agit pour les parents d'amener l'enfant à coopérer sans contrainte. Connaître les conséquences de ses actes l'aidera également à imaginer des réponses créatives. Les traits dominants des bons parents sont la sagesse, la perspicacité, le sens de l'humour, la patience, la persuasion et non l'exercice d'un pouvoir contraignant. Se servir des situations quotidiennes pour lui montrer les conséquences de ses actes développe chez l'enfant la confiance en soi, la capacité de tenir compte des autres et le sens de ses responsabilités.

Les différents types d'autorité

Considérons maintenant les aspects instrumentaux et socio-émotionnels du rôle de parent. Les recherches menées sur de petits groupes ont montré qu'il y a deux types majeurs d'autorité: l'autorité *instrumentale*, d'une part, est orientée vers les tâches à effectuer dans le groupe, elle organise des activités, fixe des objectifs et garde le groupe en haleine, tendu vers ces objectifs. L'autorité *relationnelle*, d'autre part, est tournée vers l'individu, soucieuse de maintenir une relation saine entre les membres du groupe. Ces deux styles d'autorité sont nécessaires au fonctionnement des petits groupes. (Remarque intéressante: les recherches signalent que ces deux types d'aptitudes, instrumentale et relationnelle, cohabitent rarement dans un même individu.)

Ces études s'appliquent parfaitement au groupe familial. Les parents «instrumentalistes» visent à inculquer des convictions, des valeurs et des attitudes; ils enseignent aux enfants ce qu'ils doivent savoir et comment ils doivent se comporter pour être à leur place dans la famille. Ceux qui pratiquent la méthode relationnelle s'intéressent à la nature émotionnelle des relations familiales. Alors que la méthode instrumentale se concentre sur les tâches et les résultats, la méthode relationnelle insiste sur l'affection entre parents et enfants.

Les différents styles d'éducation

Après cette brève description du soutien et du contrôle parentaux, nous sommes maintenant en mesure de combiner les deux domaines concernés pour analyser les différents styles d'éducation et leurs effets sur les enfants. Nous considérerons plusieurs styles instrumentaux, puis diverses approches relationnelles.

Le style instrumental

Il y a quatre styles d'éducation instrumentale. Deux dimensions interviennent: l'action et le contenu. Ces styles seront classés fort ou faible en action: certains parents s'engagent et indiquent par là quel comportement ils attendent de leurs enfants; d'autres ne font pas cet effort. De même, ces styles seront classés riches ou pauvres en contenu: certains parents communiquent verbalement un ensemble de règles, de normes, de croyances, de valeurs et d'idées, tandis que d'autres ne se donnent pas cette peine.

Négligent. Nous appellerons négligent le style parental faible en action et en contenu. Le comportement souhaitable n'est ni pratiqué ni enseigné. Puisque aucune orientation n'est donnée verbalement ou autrement, les enfants sont livrés à eux-mêmes et ils se ferment à toute norme sociale. Les parents négligents sur le plan instrumental risquent de l'être aussi sur le plan affectif. Ce style laisse beaucoup à désirer, les enfants manquent de soutien, ils doivent apprendre par essais et erreurs pour se débrouiller.

Enseignant. Nous appellerons enseignant le style faible en action et riche en contenu. Les parents disent à l'enfant: «Fais comme je te dis, mais ne me prends pas pour modèle.» Les enfants dans cette situation estiment qu'on les sermonne. Ce style fonctionne peut-être pour les inciter à adopter le comportement désiré, mais il suscitera l'irrespect à l'égard des parents, dont les actes ne répondent pas aux paroles. Plus les enfants mûrissent, plus ils deviennent sensibles à la moindre contradiction dans le comportement des adultes. L'adolescent est prompt à relever ces contradictions. Malgré ses insuffisances, le style enseignant est préférable au négligent.

Modèle. Nous appellerons modèle le style fort en action et pauvre en contenu. Partiellement efficace parce que l'enfant s'appuie sur le seul comportement des parents pour acquérir un système de valeurs, de normes et de croyances, ce style a néanmoins des avantages sur l'enseignant: à celui-ci manque l'exemple, à celui-là l'explication, mais la recherche confirme que les enfants apprennent surtout par l'exemple. Les parents auront avantage à privilégier l'exemple.

Disciple. Nous appellerons disciple le style parental fort en action et riche en contenu. Ici, les parents éduquent par la parole et par l'exemple. Souvenons-nous que le mot discipline vient de disciple, et que le disciple est celui qui accepte certaines idées ou valeurs et qui en guide d'autres à les accepter aussi. Il s'agit donc d'un système de «guidage» des enfants.

Le style relationnel

Il y a également quatre styles d'éducation relationnelle, comportant également deux dimensions, le soutien et le contrôle. Les quatre styles proposés sont plus hypothétiques que précisément représentatifs d'une façon d'être engagé dans le rôle de parent.

Le style négligent, pour ses insuffisances évidentes, est le plus facile à critiquer. Là où il y a un faible degré de soutien et de contrôle, peu de liens se nouent entre parents et enfants, qui sont délaissés. Il y a également des foyers dans lesquels notre société individualiste laisse peu de temps pour répondre au besoin d'affection et d'encadrement des enfants, qui peuvent devenir victimes du système. Les parents célibataires souffrent du fait qu'ils n'ont pas le temps de soutenir et d'éduquer leurs enfants à cause de toutes les charges qui pèsent déjà sur eux.

Certains défendent un style de vie libre pour les enfants qui devraient, selon eux, faire des expériences et se forger leurs propres valeurs. Ce style est caractéristique des familles désengagées, dans lesquelles l'existence de chacun concerne rarement les autres de façon significative. Il est également caractéristique de familles citadines dont les parents travaillent tous deux à l'extérieur, ou de foyers monoparentaux. La difficulté de beaucoup à s'engager auprès d'une autre personne est souvent liée au fait d'avoir grandi dans un foyer négligent.

Les jeunes issus de ces foyers sont des proies faciles pour les sectes car ils cherchent une figure dominante, un gourou, auquel obéir aveuglément. On ne trouve évidemment pas de fondement biblique au foyer négligent.

Le style autoritaire. Quand le soutien est faible et le contrôle fort, nous avons affaire au style autoritaire. Les enfants seront respectueux et obéissants, mais ils manqueront de chaleur, d'ouverture et d'intimité.

Dans une variante de ce style, le père joue le rôle de dirigeant instrumental qui attend obéissance des enfants et leur enseigne ce qu'ils doivent connaître, tandis que la mère assume le rôle relationnel. Il y a donc un soutien affectif au foyer, mais du fait d'un seul parent, celui qui n'est pas considéré comme faisant autorité.

Le style permissif. Quand il y a peu de contrôle et beaucoup de soutien, nous avons affaire au style permissif, inspiré de l'idée qu'un être nouveau est comme un bouton de rose qui a seulement besoin de tendres soins pour devenir une belle fleur. Le style permissif actuel est calqué sur les idéaux des années 1960. L'idée est ici que chaque enfant naît avec un potentiel que les règles et les normes sociales détruisent. Il faut donc lui permettre de trouver sa voie par la libre expression.

Les enfants élevés dans un foyer permissif manquent du sens des responsabilités sociales, et ils échouent à pratiquer l'interdépendance.

Le style équilibré. Ce style combine le meilleur des styles autoritaire et permissif. Les parents s'efforcent de motiver leurs enfants de façon raisonnée; ils leur expliquent les raisons d'être de la discipline mais au besoin exercent leur autorité; ils attendent d'eux l'acceptation de directives, mais aussi l'indépendance et l'autonomie; ils reconnaissent les droits des uns et des autres; enfin, ils ne se considèrent pas comme infaillibles, tout en se refusant à fonder leurs décisions sur les demandes des enfants.

De tels parents favorisent chez leurs enfants l'estime de soi, la réussite scolaire, le développement des connaissances, la créativité, le comportement moral et l'efficacité. Dans un tel environnement, les jeunes s'épanouissent.

Un modèle biblique de style parental

Essayons d'intégrer les différents styles parentaux en un modèle parental chrétien.

Nous l'avons dit, une façon courante de présenter un modèle biblique consiste à prélever des versets et de les arranger comme un bouquet de fleurs. Ces arrangements sont destinés à soutenir le point de vue particulier de l'arrangeur (n'importe quel point de vue en fin de compte). Une telle méthode, lorsqu'elle découle d'une analyse exégétique, conduit à un abus des données bibliques et ne produit, en fait, que des modèles superficiels et simplistes de styles parentaux.

Nous croyons que le modèle parental qui se dégage des Ecritures, c'est la description de Dieu comme parent. Dieu dispense son amour de sept façons différentes:

1. Il se soucie des hommes.
2. Il répond à leurs besoins.
3. Il répand sur nous les dons les plus précieux.
4. Il nous respecte, nous apprécie et nous aime.
5. Il nous connaît.
6. Il nous pardonne.
7. Il nous discipline.

Dans l'ensemble, la Bible souligne clairement l'amour et la grâce que Dieu nous dispense généreusement. Mais cet amour inconditionnel n'est pas exempt de contreparties, il implique une discipline conçue pour notre bien, il offre une ressemblance frappante avec le style parental prôné par la sociologie: un haut degré de soutien et de contrôle inductif plutôt que forcé.

Les interventions de Dieu comme parent indiquent un modèle dans lequel l'amour parental (le soutien) et la discipline (le contrôle) se conjuguent pour conduire les enfants à la maturité. Ce modèle s'accorde bien avec les bases théologiques des relations familiales que nous proposions au chapitre premier: l'alliance, la grâce, l'édification, l'intimité.

Dans l'ordre idéal, les quatre composantes de la relation parents/enfants mûrissent continuellement: l'intimité approfondit l'amour, ce qui crée une atmosphère de grâce, laquelle renforce à son tour le processus d'émulation réciproque, ce qui accroît l'intimité, et ainsi de suite. Ce cycle est relationnel et exige la réciprocité. Le fondement consiste en un engagement fidèle et librement consenti dans lequel parents et enfants sont mutuellement ouverts dans l'édification au service d'autrui.

Cette notion d'édification est à l'évidence au centre de notre modèle biblique. L'édification est le processus de mise en confiance qui permet aux enfants de se construire en puissance et en compétence. Les «édificateurs» les plus efficaces sont ceux qui ont eux-mêmes été touchés par l'amour inconditionnel de Dieu et du Saint-Esprit.

Jésus vint apporter la vie en abondance. Son exemple appliqué aux relations humaines montre que l'édification implique le service des autres. Sa réponse radicale aux disciples qui voulaient être à ses côtés dans sa gloire en témoigne: «Quiconque veut être grand parmi vous sera votre serviteur; et quiconque veut être le premier parmi vous sera l'esclave de tous. Car le fils de l'homme est venu, non pour être servi, mais pour servir et donner sa vie en rançon pour beaucoup.» (Mc 10:43-4) Jésus rejeta la domination, prônant au contraire l'usage du pouvoir pour servir, pour relever ceux qui sont tombés, pour pardonner aux coupables, et inciter les faibles à prendre des responsabilités.

Devenir serviteur requiert une grande maturité et un amour inconditionnel; une maturité qui s'accomplit, au-delà de l'autosatisfaction, dans l'interdépendance.

Les parents «édificateurs» qualifient leurs enfants, qui seront eux-mêmes appelés, en temps voulu, à soutenir d'autres personnes. Ces parents sont résolument guides, enseignants, et soucieux de donner l'exemple, ce qui met leurs enfants en confiance pour nouer des relations, pour découvrir leurs points forts et comment les développer, car ils sont estimés capables d'apprendre, de grandir et de participer au plan de Dieu.

L'édification, dans la perspective biblique, ne signifie pas que l'enfant gagne en puissance aux dépens de ses parents. L'idée que la puissance est en quantité limitée relève du profane. Lorsque Dieu fortifiait les enfants d'Israël, il n'abandonnait rien de sa puissance. L'autorité de Jésus (*exousia*) rayonnait de sa personnalité; elle n'était en rien diminuée du fait qu'il la transmettait à ses disciples. De même l'autorité des parents ne faiblit nullement par l'exercice des responsabilités qui conduisent leurs enfants à la maturité. Ce processus n'est pas un échange à perte, un appauvrissement de ceux qui donnent en proportion de la force personnelle, de l'estime de soi et de la plénitude acquises. Au contraire, lorsque l'éducation est fructueuse, les enfants acquièrent autant de force personnelle que leurs parents. Dans le milieu chrétien, les enfants «bien édifiés» aiment Dieu et leurs semblables comme eux-mêmes.

Le modèle parental chrétien : édifier l'enfant jusqu'à la maturité

Il y a différents styles parentaux. Le premier style parental est le *style verbal* qui se caractérise par une communication à sens unique: les parents disent à leurs enfants ce qu'ils doivent faire. Ce style s'impose lorsque ces derniers sont jeunes et incapables d'agir par eux-mêmes. En bas âge, ils ont besoin d'instructions claires et d'une étroite surveillance. Les parents définissent les tâches, ils indiquent les tâches à effectuer, où, quand et comment. Le soutien affectif est ici réduit au minimum, mais offert en échange de la docilité, comme une récompense.

Le style «enseignant» convient aux enfants qui veulent assumer la responsabilité de certaines tâches, sans savoir toujours comment les exécuter. Ce style implique des niveaux assez élevés de contrôle et de soutien à la fois. Il diffère du verbal en ce que la communication peut y être à double sens. À partir d'un certain âge, les enfants posent beaucoup de questions et sont capables d'apprendre par le dialogue et la discussion.

Le style «entraîneur» est recommandé en fait à toutes les étapes de l'éducation. Les parents sont pour ainsi dire des «entraîneurs» qui partagent directement des activités avec leurs enfants. Il y a toujours des instructions verbales, mais les parents montrent l'exemple du comportement approprié en plus de l'enseigner. Ce style est particulièrement important pour les pré-adolescents.

Le style responsabilisant s'adresse aux enfants plus mûrs et désireux de prendre des responsabilités. Par la délégation des responsabilités, les parents n'ont plus à exercer ni contrôle ni soutien moral.

Les parents dont les enfants sont mûrs pour la délégation des responsabilités se retrouvent souvent fortifiés à leur tour. Il faut observer que l'acceptation d'apprendre de ses enfants et d'être fortifiés par eux est un signe de maturité parentale. L'échange indique une relation mature. Les parents qui savent au bon moment laisser leurs jeunes voler de leurs propres ailes font preuve de confiance et de respect à leur égard. C'est une expérience enrichissante pour l'enfant. Avec une certaine liberté, l'adolescent fera souvent des choix personnels et exprimera des opinions différentes de celles de ses parents. Tel est le commencement d'une relation adulte de respect mutuel qui donnera aux enfants la force de s'accomplir.

Les quatre styles parentaux ci-dessus se déploient au long d'un continuum qui reflète la maturité croissante de l'enfant. Dans un certain sens, les parents sont appelés à mûrir à mesure que leurs enfants grandissent. Ceux qui ne parviennent pas à changer de style pour répondre aux demandes nouvelles de leurs enfants retarderont la croissance de tous. L'évolutivité du style parental est un facteur essentiel dans le processus d'édification.

Le père et la mère y apportent leurs qualités respectives, ils se complètent. Il y a deux types de complémentarité, la première est la *longitudinale* dans laquelle on se complète au long du temps. Un des deux parents sera peut-être plus doué pour s'occuper des tout-petits, tandis que l'autre sera plus à l'aise une fois que ceux-ci seront capables de comprendre. Dans le second type de complémentarité, les parents se complètent au jour le jour au long des années d'éducation: c'est la complémentarité *situationnelle*, où la situation détermine quelles aptitudes parentales sont le plus nécessaires, tantôt pour aider au travail scolaire, tantôt pour dispenser des encouragements à l'enfant qui manque de confiance en soi. L'avantage de la complémentarité, c'est qu'aucun des deux parents n'est censé faire face à toutes les demandes à la fois.

Les meilleurs résultats éducatifs sont obtenus par la combinaison d'un fort soutien parental et d'un contrôle inductif appuyé, lesquels iront en décroissant à mesure que l'enfant mûrit. Le style parental visant à favoriser l'évolution de l'enfant vers la maturité est comparable à ce que dit le N.T. de Jésus faisant des disciples. Il rassemble et «entraîne» ces hommes à devenir eux-mêmes capables d'aller et de faire de toutes les nations des disciples (Mt 28:19).

7
Le développement de l'enfant

L'éducation des enfants est un domaine très complexe. Ce chapitre résumera les principales vérités disponibles au sujet du développement de l'enfant. Suivra une intégration de ces matériaux à nos fondements théologiques des relations familiales.

Les théories du développement de l'enfant

La théorie psychanalytique

La théorie du développement de l'enfant de Freud est centrée sur les effets réciproques entre les instincts biologiques et l'influence parentale. Pour la comprendre, il faut noter l'importance qu'y prennent l'inconscient et les aspects irrationnels de la motivation humaine. La majeure partie de l'esprit est comme un iceberg immergé: très peu atteint le niveau de la conscience.

Freud décrivit la personnalité scindée en trois parties: le *ça*, le *moi* et le *surmoi*. Le *ça* est la source d'énergie présente dès la naissance, alors que le *moi* et le *surmoi* se développent par socialisation. Un violent conflit agite continuellement l'esprit, le *ça* et le *surmoi* se disputant le contrôle du *moi*. Le *ça* est amoral, impulsif, irrationnel et régi par l'inconscient, et il exige une satisfaction immédiate. Le *surmoi*, qui consiste en restrictions parentales et sociétales, cherche à dénier les pulsions irrationnelles du *ça*. Il opère comme un officier de police moral, en essayant de contenir le *ça* et de contrôler le *moi*. Quand le *surmoi* atteint son but, il récompense le *moi* par l'estime de soi; mais il le punit par la mauvaise conscience lorsqu'il échoue.

Freud pensait que les six premières années de la vie étaient cruciales pour le développement des trois parties de l'esprit, et qu'elles déterminaient leurs interrelations pour former la personnalité. Durant ces six années, l'enfant traverse trois stades de développement, dans chacun desquels une partie différente du corps est au centre de la satisfaction.

Le stade *oral* vient en premier : les douze à dix-huit premiers mois, plaisir et déplaisir sont localisés dans la zone orale. L'expérience du plaisir a lieu lorsque le bébé reçoit de la nourriture d'une mère aimante, ou lorsqu'il suce son pouce, alors que la douleur apparaît lorsqu'il est privé d'une telle satisfaction. Les enfants brutalement sevrés ou mal nourris pendant la phase orale risquent de devenir des personnalités de type oral: des matérialistes cupides, suceurs de pouce, fumeurs, rongeurs d'ongles ou de crayon, bavards impénitents, etc. Ces personnes ont trouvé un substitut de satisfaction orale.

Apprendre à être propre correspond au *stade anal*, où le contrôle des excrétions devient un enjeu important entre parents et enfants. Si les parents adoptent une attitude rigide et s'ils ont des exigences irréalistes, l'enfant risque de développer une personnalité de type anal: méticuleuse, tatillonne, sévère et mesquine à l'égard de soi-même; ou, au contraire, négligée, désordonnée, manquant de maîtrise de soi.

L'enfant atteint ensuite le *stade génital*, régi par l'attirance pour le parent du sexe opposé, avec identification au parent du même sexe. Les garçons veulent une relation exclusive avec leur mère (complexe d'Œdipe), alors que les filles ont la même attitude à l'égard de leur père (complexe d'Électre). Dans une famille saine, l'amour entre le père et la mère sera bien établi, et l'enfant comprendra que le parent du même sexe est «invincible» dans cette compétition. La solution sera pour lui de s'identifier au parent du même sexe, en renonçant à son attirance pour le parent du sexe opposé. Dans un foyer dysfonctionnel, les liens chaotiques entre le père et la mère risquent de faire échouer l'identification au parent du même sexe.

Dans la théorie psychanalytique d'origine, le stade génital est la période où s'établit l'identité sexuelle. À l'âge adulte, les problèmes liés à un échec au stade génital se traduisent par le besoin d'affirmer sa masculinité ou sa féminité, une identité sexuelle confuse, la réticence à se marier et les dysfonctionnements sexuels.

Entre six et treize ans, les enfants traversent une période de latence pendant laquelle ils s'identifient fortement à ceux de leur sexe. C'est le temps des garçons contre les filles. Si les conditions de vie pendant les six premières années ont été saines, l'identité sexuelle et l'estime de soi se développent nettement pendant cette période. Mais si tel n'a pas été le cas, des difficultés apparaîtront sur le plan des relations avec les autres, de la maîtrise et de l'estime de soi. La personnalité s'est formée autour de la puberté. Par la suite, les changements seront minimes.

La théorie néo-psychanalytique d'Erikson

S'appuyant sur la tradition psychanalytique, Erik Erikson a conçu une théorie selon laquelle le cycle de la vie humaine comprend huit stades. Il s'intéresse particulièrement à l'influence des parents, et d'autres facteurs psycho-historiques, sur l'apprentissage personnel à chaque stade spécifique. La maîtrise des tâches propres à chaque stade du développement est cruciale pour réussir celles du stade suivant. Le niveau de maîtrise détermine les atouts et les lacunes qui caractérisent le développement personnel. Pour atteindre la sagesse, dernier stade du développement, avec un moi suffisamment solide, il faut s'être accompli dans la confiance, l'autonomie, l'initiative, le goût du travail bien fait, l'identité, l'intimité et la générativité[1] durant les stades précédents. À l'extrême opposé, certains finissent désespérés parce qu'ils ont vécu dans la défiance, la honte et le doute, la culpabilité et la résignation, le sentiment d'infériorité, la confusion des rôles, l'isolement et la stagnation durant les étapes de leur développement. Le principal mérite de la théorie d'Erikson est de reconnaître l'importance des facteurs familiaux et extra-familiaux sur le développement humain. Reconnaissant les effets cumulés de l'expérience au long de la vie, cette théorie propose également des interventions en faveur de ceux qui ont manqué de soutien social et psychologique à l'un ou l'autre stade de leur développement.

---

1. La générativité est l'intérêt pour la génération suivante, se manifestant par la productivité et la créativité.

La théorie de l'apprentissage social

La théorie de l'apprentissage social est un prolongement du conditionnement classique illustré par le réflexe conditionné de Pavlov. En sonnant de la cloche juste avant de donner de la nourriture, Pavlov obtenait à terme que le chien salive au seul son de la cloche. Cette expérience toute simple contient les principaux éléments du conditionnement classique: la nourriture est le stimulus non conditionné, la salivation à la vue de la nourriture la réponse non conditionnée, la cloche le stimulus conditionné, et la salivation au son de la cloche la réponse conditionnée.

Durant la seconde moitié du XXe siècle, les recherches de B.F. Skinner ont façonné le behaviorisme ou comportementalisme. Skinner développa ce que l'on appelle le conditionnement opérant, modification de la théorie initiale du conditionnement. Au lieu d'utiliser un stimulus pour provoquer une réponse donnée, le modèle de Skinner insiste sur le *renforcement*, c'est-à-dire un système de récompenses pour le comportement désiré et de punitions pour les actes répréhensibles. Le principe est ici que le comportement est façonné et maintenu par ses conséquences. Le conditionnement opérant s'est révélé utile pour modifier le comportement.

La théorie de l'apprentissage social, qui insiste sur l'apprentissage par observation plutôt que par renforcement, a été elle aussi très utile. Les enfants apprennent à se comporter en observant les effets du comportement des autres. Par exemple, ils apprennent à ne pas bousculer les autres dans la cour de récréation en observant que ceux qui le font se blessent ou sont réprimandés.

Cette théorie avance également que les enfants prennent modèle sur leurs parents, qui les influencent en bien et en mal par leurs actes. La comparaison entre l'apprentissage direct (par renforcement) et l'apprentissage indirect (par observation et imitation), révèle que le second est plus efficace. Les parents attentionnés se comporteront comme ils voudraient que leurs enfants le fassent.

Dans la théorie de l'apprentissage social, le stimulus du changement n'est pas exclusivement environnemental, comme dans la théorie classique de l'apprentissage. Avancer l'idée que celui-ci est le résultat de l'observation et de l'interprétation du comportement par l'enfant, c'est lui accorder la conscience de soi et la capacité de décider par lui-même. Dès lors, le changement peut être généré par les stimuli environnementaux et par l'enfant lui-même. Ce point de vue a entraîné la théorie de l'apprentissage très loin de ses propositions initiales.

En revanche, la théorie de l'apprentissage social ne nous éloigne guère d'un modèle déterministe du comportement humain. Le concept de déterminisme réciproque signifie que *le comportement, la personne et l'environnement interagissent.* Ainsi, les enfants changent leur environnement et sont changés par lui tout à la fois. Cette idée reflète la tendance de la psychologie actuelle, qui a rejeté le déterminisme pur et dur au profit d'un déterminisme social plus subtil, qui montre les humains agissant sur l'environnement extérieur et réagissant à lui.

La théorie de l'interaction symbolique

Cette théorie est plus sociologique que les autres, affirmant que le développement de l'enfant ne se fait que dans le contexte d'interactions avec d'autres humains. On a noté que, dans les cas de négligence extrême, les enfants ne développent ni la parole ni la conscience de la société. Certains tenants de la théorie vont jusqu'à suggérer que les bébés ne naissent pas humains mais le deviennent par interactions sociales. Comme le nom de la théorie l'indique, ce sont les interactions symboliques avec leur entourage qui permettent aux bébés de devenir humains au sens social du terme.

Dans la *première phase de son développement*, l'enfant est préparé à utiliser le langage. Un langage se développe seulement lorsque les gestes oraux deviennent des symboles chargés de sens. Le symbole est un signe qui a le même sens pour le récepteur que pour le locuteur. Les mots sont des symboles chargés de sens qui déclenchent une réaction précise.

Les parents commencent à communiquer avec le bébé par des gestes, un sourire, un coup d'œil désapprobateur, accompagnés de mots. Ainsi, il apprend leur sens dans un contexte donné. Ensuite, il arrive à percevoir le mot dans la perspective des parents et apprend ainsi son sens général. Par exemple, quand le mot *non* est compris en relation avec un comportement qui n'a jamais été interdit auparavant, l'enfant connaît son sens général.

La seconde phase, *la phase ludique*, commence entre la première et la deuxième année et elle en durera plusieurs. Pendant cette période, les enfants se mettent à jouer, c'est-à-dire à s'imaginer dans le rôle d'autres personnes. Ils jouent à être Papa, Maman, la sœur aînée ou le docteur.

Durant le stade ludique, les enfants endossent le rôle d'une seule personne à la fois. Par ce manège, ils se découvrent eux-mêmes comme ils pensent que les autres les voient. Peu à peu, le sentiment qu'ils ont d'eux-mêmes s'affine, et ils se distinguent de mieux en mieux des autres.

À l'âge de quatre ou cinq ans, ils atteignent *le stade du jeu d'acteur*, assumant le rôle de plusieurs personnes simultanément, ce dont ils étaient incapables jusque-là. Durant cette période, ils se font une idée de leur apparence aux yeux des autres en général.

La vie entière est à considérer comme une suite de déplacements d'un groupe à un autre. Nous acquérons une vision générale de nous-même à partir de chaque groupe auquel nous appartenons.

Nous nous forgeons une image de nous-même qui reflète ce que nous croyons que les autres pensent de nous, et nous réagissons en conséquence. Notre vie prend alors le caractère d'une prophétie qui s'accomplit d'elle-même. Les enfants qui échouent à l'école ont eu dès leur jeune âge une mauvaise opinion de leur capacité d'apprentissage, à l'inverse de ceux qui réussissent.

Ceci nous conduit à la théorie de l'*étiquetage*, issue de l'interaction symbolique. On a découvert que les délinquants juvéniles sont des enfants auxquels on a dit qu'ils étaient mauvais, méchants et destructeurs. Ainsi étiquetés, ils se sont comportés selon l'image qui leur avait été attribuée.

La théorie du développement cognitif

Développée par le psychologue suisse Piaget, cette théorie intègre un grand nombre d'idées propres à celle de l'interaction symbolique, tout particulièrement son insistance sur la relation entre image de soi et comportement.

Piaget partit de la thèse que l'enfant, loin d'être un objet passif, construit activement sa propre réalité, convertit ses expériences en action. Piaget observa que les bébés naissent avec des réflexes visuels, de succion et de préhension. Prenant contact avec un objet, le tout-petit le regarde, le suce et l'agrippe instinctivement. Devenu plus mobile, il le cogne et le laisse tomber. Ainsi, un bébé de six mois auquel on donne un cube le regarde, le porte à sa bouche, le serre, le cogne et le lance sur le sol. Il joue en fait le rôle d'un scientifique en herbe, partant à la découverte des propriétés de l'objet dans son environnement. Expérience faite, il agira en conséquence. Une balle, par exemple, est difficile à sucer, mais si on la laisse tomber, elle rebondit. Un nouveau jeu est né pour le bébé... et pour ses parents.

Avec l'acquisition du langage apparaissent un grand nombre de possibilités nouvelles. Comme les parents sont impatients d'être identifiés par leur enfant, les premiers mots appris sont «maman» et «papa». Dès lors, toute personne qui apparaît au tout-petit devient une maman ou un papa, jusqu'à ce que les parents lui aient appris à distinguer Maman des autres femmes, Papa des autres hommes, puis les filles des garçons.

Pour analyser ce processus, Piaget utilisa les termes d'*assimilation*, d'*accommodation* et d'*équilibration*[1]. L'*assimilation* consiste à s'informer et à utiliser cette information en fonction de sa propre façon de penser. Toute perception est destinée à entrer dans une classification préexistante. Plus celle-ci est élaborée, moins de nouveaux éléments d'information risquent d'être mal interprétés.

Évidemment, si l'enfant se limite à l'assimilation des expériences vécues dans des catégories acquises, aucune classification nouvelle ne se constituera. Or, beaucoup d'éléments ne s'y

1. Il ne s'agit pas ici d'un état de repos, mais d'un jeu de compensation où l'individu développera des stratégies pour atteindre un niveau d'adaptation optimal ou, en d'autres termes, un état d'équilibre entre l'assimilation et l'accommodation. «Le développement psychique qui débute dès la naissance et prend fin à l'âge adulte est comparable à la croissance organique: comme cette dernière, il consiste essentiellement en une marche vers l'équilibre.» (Piaget) C'est par l'équilibration que l'enfant poursuivra cette quête d'instruments cognitifs lui permettant de s'adapter au monde extérieur.

accordent pas, d'où la nécessité d'en construire de mieux adaptées. Tel est le processus d'*accommodation*, qui bouleverse les structures cognitives jusque-là formées, pour permettre la prise en charge de nouveaux stimuli extérieurs.

Les enfants sont constamment engagés dans l'assimilation et l'accommodation. La possibilité de ce va-et-vient continuel de l'une à l'autre est le fait de l'*équilibration*, et le signe d'une certaine maturité des structures cognitives, à défaut de quoi l'individu échoue à s'engager dans l'une ou l'autre et donc à stabiliser ses connaissances.

Selon Piaget, *le développement cognitif de l'enfant* comporte *quatre stades principaux*. Au stade *sensori-moteur*, de la naissance à la deuxième année environ, le tout-petit développe ses capacités motrices de base et apprend à s'adapter au monde extérieur. Il apprend à classer les objets en les manipulant et il commence à concevoir leur permanence, à savoir que, hors de vue, les objets ne cessent pas d'exister.

Il commence aussi à coordonner les différentes parties de son corps pour atteindre un objet et il devient capable de finaliser ses actes : pour atteindre un gâteau sur la table, il avance une chaise et monte dessus de façon ordonnée.

Au stade *pré-opératoire* (2 à 7 ans), c'est la maîtrise des tâches linguistiques qui est essentielle. L'enfant apprend le nom des objets, il commence à construire des phrases et, parallèlement, sa vision de la réalité.

Ce stade est plutôt une période de transition, car il ne comporte pas de niveau de stabilité: l'acquisition du langage est une tâche si complexe que la pensée et le comportement de l'enfant sont marqués par la crainte, le désordre et la confusion. C'est la raison pour laquelle on qualifie cette période de *pré*-opératoire.

Les parents ne doivent pas s'étonner que pendant cette période la pensée de l'enfant soit quelquefois déconcertante, ni sous-estimer ses capacités parce qu'il ne parvient pas encore à tirer des conclusions logiques: il n'en est encore qu'au stade pré-opératoire et a besoin d'aide pour interpréter logiquement les événements.

Au début de ce stade, les enfants sont très égocentriques, pensant que tout le monde ressent la même chose qu'eux; ils ont du mal à concevoir que la personne placée de l'autre côté d'un objet ne voie pas ce qu'ils voient. L'enjeu principal du stade pré-opératoire est le dépassement de la démarche égocentrique.

Vers l'âge de sept ans, les enfants atteignent *le stade des opérations concrètes*, c'est-à-dire d'une pensée plus stable et plus consistante. Ils ont compris le principe d'invariance: certaines données de temps, d'espace et de poids sont en quelque sorte immuables.

Entre 7 et 11 ans, ils collectionnent et classent toute sorte d'objets. C'est le signe d'une capacité de raisonnement accrue.

Entre 12 à 15 ans, c'est le stade des *opérations formelles abstraites*: l'adolescent comprend la causalité et devient capable d'expérimenter avec une rigueur scientifique. Par le raisonnement déductif, il formulera des hypothèses, tirera des conclusions de l'expérience et s'intéressera de plus en plus aux concepts, aux valeurs et aux vérités fondamentales.

La théorie du développement de la foi

La foi se développe, elle aussi, comme la connaissance. Elle est toujours relationnelle au sens où il y a toujours quelqu'un en qui croire, quelque chose à l'égard de quoi faire preuve de loyauté.

L'initiation à la foi dépend des relations de l'enfant avec ceux qui en premier prennent soin de lui. Celui qui a manqué de ces relations de confiance et d'attention avec leurs parents risque d'avoir des difficultés à connaître une relation confiante avec Dieu.

Critique des théories du développement de l'enfant à la lumière des enseignements bibliques

La tension intérieure

Aucune de ces théories ne tient compte du point de vue biblique selon lequel les êtres humains sont distincts des autres espèces, car ils ont en eux l'image de Dieu. La Bible dit encore que la condition humaine est marquée par une forte tension intérieure. Dans Rm 7:21-24, l'apôtre Paul dit: «Je trouve donc cette loi pour moi qui veux faire le bien: le mal est présent à côté de moi. Car je prends plaisir à la loi de Dieu dans mon for intérieur, mais je vois dans mes membres une autre loi, qui lutte contre la loi de mon intelligence et qui me rend captif de la loi du péché qui est dans mes membres. Malheureux que je suis! Qui me délivrera de ce corps de mort?»

La psychanalyse est peut-être la théorie la plus proche de l'idée que nous sommes prisonniers d'une tension intérieure entre le bien et le mal. Freud croyait que l'enfant naît avec des instincts constructifs (*éros*) et destructifs (*thanatos*) à la fois. Cette tension qui apparaît lorsque l'enfant développe un surmoi, correspond au point de vue biblique sur la tension intérieure propre à la condition humaine.

La capacité de faire des choix

L'Écriture nous présente comme capables de faire des choix et responsables de nos actes.

La théorie classique de l'apprentissage dit que l'enfant naît comme une page blanche sur laquelle le conditionnement social imprime son programme culturel. D'après cette théorie déterministe, les gens opèrent de façon très comparable aux machines. Freud en vint lui aussi à un modèle déterministe du comportement humain pour construire une psychologie scientifique.

Les spécialistes du développement cognitif se sont rapprochés avec sagesse de ce que nous croyons être la conception biblique du libre arbitre. Cependant, il serait inexact d'interpréter les théories actuelles du développement de l'enfant comme ayant exclu tout déterminisme au profit du libre arbitre. La thèse prédominante est plutôt que certains enfants sont plus libres que d'autres parce qu'on leur a offert plus d'options. Dans certains foyers, les jeunes n'ont qu'un accès limité à la lecture, donc peu de possibilités de connaître leur monde et les choix qui s'offrent à eux. Pour d'autres, c'est tout le contraire. Les théories actuelles soutiennent que les enfants sont incapables d'agir en dehors des options proposées par leur environnement. Nous sommes libres d'utiliser les théories du développement de l'enfant pour comprendre la liberté humaine, mais nous ne devons pas permettre que ces connaissances nous détournent du concept biblique de libre arbitre.

Créés pour vivre en communauté

Les théories du développement de l'enfant ont toujours été d'accord pour dire que l'apport humain était nécessaire pour qu'il acquière des caractéristiques humaines. Le comportement humain engendre le comportement humain. Privés d'environnement social, les enfants ont peu de chances, eu égard à leur constitution biologique, d'adopter des normes, des valeurs ou des attitudes. En revanche, s'ils font partie d'un corps social, ils adopteront ses positions et ses façons d'agir.

Gn 2:18 dit que les êtres humains ont été créés pour vivre en communauté: «L'Éternel Dieu dit: Il n'est pas bon que l'homme soit seul; je lui ferai une aide qui sera son vis-à-vis.»

Les enfants ont besoin d'être élevés dans une communauté familiale intime. L'alliance unilatérale que les parents nouent avec eux évoluera en une alliance bilatérale. Nous avons défendu cela comme étant l'idéal biblique.

L'éducation des petits

Les théories du développement de l'enfant fournissent une base à la discussion concernant le rôle des parents auprès des jeunes enfants. Nous parlerons ici de la meilleure façon pour les parents de favoriser leur développement social, psychologique et spirituel.

Pour fortifier nos enfants, il s'agit avant tout de savoir:

1. comment les aider à s'estimer eux-mêmes;
2. comment les discipliner;

En complément au chapitre 6, nous présentons ici quelques conseils pratiques.

L'amour inconditionnel et l'estime de soi

Les enfants ont besoin d'être reconnus pour ce qu'ils sont et pour leur rôle dans la famille et dans la société. Les parents qui s'estiment eux-mêmes et qui donnent l'exemple du respect et de la coopération dans leurs relations conjugales établiront un climat favorable au développement de ces mêmes qualités chez leurs enfants.

L'acceptation des différences inhérentes à la constellation familiale

L'ordre dans lequel les descendants viennent au monde forme la constellation familiale. La position de chacun dans la famille est importante, chaque enfant veut se sentir en sécurité à sa place. Des caractéristiques particulières marquent chaque position. Les aînés sont généralement des gagneurs, car les parents leur prêtent une attention spéciale, les incitant à réussir et leur confiant très tôt des responsabilités. Ceux qui les suivent ont tendance à rivaliser avec leurs aînés mais, n'y parvenant pas, ils chercheront souvent à briller dans un domaine inexploré par les plus grands. Ils se sentent parfois écrasés ou perdus. Les plus jeunes sont souvent gâtés par le reste de la famille et ont tendance à être plus insouciants. L'enfant unique est comparable à un premier enfant, mais qui se montrerait plus adulte dans ses attitudes et ses actes. Les enfants de familles nombreuses aiment former des sous-groupes.

Les parents qui croient en leurs enfants, en leur capacité à contribuer au bien-être des autres, leur adressent un puissant message.

La communication

Dans la communication, le plus important c'est l'écoute. Nos enfants ont besoin d'être entendus et compris. Écouter ce qu'ils ont à dire et tenir compte de leurs sentiments, c'est leur montrer que nous les acceptons. Prendre le temps de connaître leurs pensées et leur sensibilité crée l'intimité. C'est ainsi que nous les aiderons à prendre confiance, à s'estimer eux-mêmes et à prendre de bonnes résolutions.

Le pardon

Le pardon est un processus à double sens. N'étant pas parfaits, les parents devront être pardonnés lorsqu'ils commettent une erreur, et ils devront agir de même avec leurs enfants. Si les membres de la famille se disaient chaque jour mutuellement: «Je te pardonne, me pardonnes-tu?», ils vivraient un état de grâce et d'acceptation qui trouve ses racines dans l'amour inconditionnel.

Le service

Quand les enfants comprennent qu'ils sont partie intégrante de la famille, que leur concours est pris en considération, ils servent et coopèrent avec joie. Leur contribution ne sera pas seulement des tâches à accomplir, elle aidera aussi à créer la morale, l'identité et l'unité familiales.

La discipline

Le peuple de Dieu devait assumer les conséquences de ses choix et de ses attitudes. Dieu a prescrit des lois, les Dix Commandements; si nous les respectons, nous trouverons un sens à notre vie, car il veut notre bien. En revanche, il y aura des comptes à rendre en cas de non-respect. De même, il est préférable que les enfants comprennent que leur mauvaise conduite a des conséquences précises et qu'en définitive la responsabilité repose sur eux. Il faut leur indiquer des limites et les avertir de ce qui arrivera s'ils les dépassent. Il est essentiel de bien choisir les règles et d'appliquer rigoureusement les conséquences. Elles doivent évidemment être adaptées à leur âge et à leur maturité.

C'est ici que l'idée de «conseil de famille» entre en jeu. Il est souhaitable que, lorsqu'ils sont assez grands, les enfants soient associés au choix des règles et des sanctions en cas de non-respect. C'est le moment d'établir des «contrats», de fixer des objectifs valables. Le conseil de famille apporte aux jeunes une possibilité d'apprendre les principes démocratiques d'égalité, de liberté de parole et d'équité. Chacun devrait se sentir libre d'exprimer ses besoins affectifs. Les jeunes adolescents ont aussi le droit, maintenant qu'ils ont grandi et sont devenus relativement indépendants, de revendiquer une révision des règles familiales.

8

L'adolescence et la crise du milieu de la vie: des terrains favorables au stress et aux conflits

Les conflits familiaux les plus sérieux risquent de se produire à l'adolescence. A l'époque même où les jeunes atteignent cet âge difficile, les parents, pour leur part, atteignent celui de 40-45 ans, qui est souvent une période critique.

En systémique de la vie familiale, le stress adolescent ne s'ajoute pas seulement à celui de l'âge mûr, il le multiplie. Et réciproquement: ils sont interactifs.

L'adolescence

Ses origines

Avant la révolution industrielle, les jeunes étaient considérés comme des adultes en herbe. C'est seulement au cours des trois derniers siècles que l'enfance a été reconnue comme qualitativement distincte: les enfants ne pensent pas comme les adultes, leur conscience est immature et ils ne voient pas la réalité de la même façon.

Après avoir reconnu l'enfance, les sociétés occidentales eurent un équivalent culturel des rites de puberté. Avant la révolution industrielle, les jeunes apprenaient un métier dans le système d'apprentissage établi, sous l'œil attentif du maître, et ils avaient un statut particulier. Une fois ces compétences acquises, ils étaient aptes pour la vie adulte et le mariage. La confirmation des capacités à exercer un métier constituait le rite de passage à l'âge adulte.

L'urbanisation et l'industrialisation freinèrent cette mutation et la rendirent plus ambiguë. Avec l'apparition des usines, le système de l'apprentissage déclina. Le travail à la chaîne n'exigeait guère de formation, ainsi les jeunes commençaient-ils à travailler très tôt. Ils quittaient la maison pour aller travailler dans des zones urbaines. À cause des bas salaires, la plupart vivaient dans des logements sordides. Isolés du reste de la société, ils posaient de plus en plus de problèmes. Une culture adolescente, coupée de la vie adulte, était née.

Mais alors qu'il ne s'agissait au départ que d'un petit nombre de jeunes citadins pendant une brève période de leur vie, cela concerna virtuellement peu à peu tous les jeunes de notre société. En outre, la période de temps que nous appelons adolescence s'allongea pour plusieurs raisons. *Premièrement*, du fait que notre société s'orientait de plus en plus vers la technologie, on créa de plus en plus d'emplois hautement qualifiés, d'où la nécessité pour les jeunes de prolonger leur formation, de différer leur entrée dans la vie professionnelle qui leur conférerait le statut d'adulte.

Deuxièmement, le travail a généralement lieu en dehors du foyer (à l'exception des fermes), de sorte que les parents cessent d'être des modèles dans ce domaine. Cette séparation est encore aggravée par une mobilité accrue, entraînant une perte de contrôle et de soutien par le groupe familial.

Troisièmement, toujours à cause de la mobilité, la famille élargie se trouva supplantée par la famille nucléaire, c'est-à-dire une entité fragile, coupée des proches qui lui apporteraient un sentiment de stabilité et d'appartenance. Dans nombre de familles, le divorce, la séparation, l'absence fréquente des parents pour des raisons professionnelles viennent encore compliquer la situation.

Une *quatrième* raison à l'allongement de l'adolescence est l'aisance matérielle et l'indépendance des jeunes dans la société actuelle qui vont de pair avec une perte de contrôle parental et sociétal.

L'adolescence est apparue avec le changement de structures sociales retardant l'accession des jeunes à l'âge adulte. Différée dans son évolution, coupée des responsabilités adultes, leur vie manque de sens. C'est sous cet angle que l'apparition de sous-cultures adolescentes peut être le mieux comprise.

L'adolescence, une crise d'identité

Certains jeunes ignorent les tensions de l'adolescence parce qu'ils ont une passion, comme les athlètes de haut niveau ou les musiciens. D'autres ne connaissent pas de crise d'identité parce qu'ils reçoivent très jeunes un statut d'adulte.

La création d'une sous-culture adolescente (vêtements, musique, langage) est une recherche d'identité. Plus l'adolescent a un sentiment d'insécurité, plus il se fait esclave des tendances édictées par ses pairs.

La crise du milieu de la vie

C'est davantage une crise qu'une transition. À cause de la rapidité des mutations sociales et technologiques, l'avenir nous choque par anticipation. Les adultes en pleine force de travail découvrent que le métier qu'ils ont exercé toute leur vie est en voie de disparition. Ils craignent de se voir dépassés par des collègues plus jeunes et plus qualifiés. Certains connaissent l'humiliation de ne pas avoir atteint les objectifs fixés des années auparavant. D'autres pensent avoir donné le meilleur d'eux-mêmes antérieurement et trouvent désormais la vie assommante. Leur carrière est en déclin. Des femmes qui se remettent au travail après des années de maternage ont le sentiment qu'il est impossible de rattraper le temps perdu.

On distingue quatre polarités de la crise du milieu de la vie:

1. *Jeunesse/vieillesse.* Beaucoup d'hommes d'âge mûr se sentent plus vieux que jeunes, mais pas prêts pour la chaise roulante. Ils essayent de paraître jeunes par l'habillement, et de faire du sport.

2. *Destruction/création.* Après avoir vécu des conflits au travail et avoir été marqués par ces combats, les hommes recourent parfois aux procédés dont ils avaient eux-mêmes souffert. Quelque peu blasés, ils ont cependant un profond désir d'être créatifs en arrivant à cet âge, qui se révèle bien souvent le plus productif de la vie professionnelle.

3. *Masculinité/féminité.* L'inquiétude de se voir physiquement vieillir va de pair avec le désir de devenir plus protecteur.

4. *Attachement/séparation.* Le besoin constant d'établir des liens avec les autres est contrebalancé par celui de prouver que l'on est capable de se débrouiller seul.

Bien que ces polarités existent tout au long du cycle de la vie, elles sont accentuées pendant les périodes transitoires. Ceux qui n'ont jamais pris conscience de ces tensions contradictoires risquent de connaître une grave crise.

Une femme éprouve les mêmes tensions, si elle a décidé de faire carrière. Si elle a seulement joué le rôle de mère et d'épouse, le milieu de la vie est parfois traumatisant pour d'autres raisons: ses enfants devenus grands ont moins besoin d'elle; son mari n'apprécie plus ce qu'elle fait à la maison, elle qui était une super-mère et une super-épouse, et cela lui porte un coup terrible.

Les relations entre les parents et les adolescents

Les adolescents et leurs parents sont en proie au doute, ce qui influera considérablement sur leurs interactions.

En affirmant leur identité, les enfants deviennent indépendants. Les parents qui sont en paix avec eux-mêmes acceptent cette attitude naturelle chez leurs enfants.

Les parents en crise et les adolescents vivent des états physiques opposés: alors que l'adolescent commence à développer les caractéristiques physiques de l'âge adulte, ses parents commencent à perdre les leurs; alors que le garçon voit ses muscles grossir et sa force grandir, ceux de son père mollissent et sa force décline; alors que la fille devient attrayante, sa mère se bat pour garder une silhouette agréable. Ce que l'un gagne, l'autre le perd.

Les attitudes parentales à l'origine de la révolte des adolescents

Plusieurs éléments structurels dans la famille favorisent la rébellion des adolescents.

Les parents malheureux. C'est dans les foyers malheureux que les cas de révolte, de délinquance juvénile et de troubles mentaux sont le plus fréquents. Les relations conflictuelles entre les parents frustrent le jeune, qui se révolte et conteste leur autorité.

Dans une perspective systémique de la famille, l'adolescent se rebelle parfois dans l'espoir de rapprocher ses parents. En effet, dans son esprit, si ces derniers se font tous deux du souci à cause de sa mauvaise conduite, peut-être oublieront-ils leurs propres désaccords. Les études montrent que nombre d'adolescents révoltés proviennent de familles désengagées et que la révolte est souvent une tentative pour souder la famille.

Un manque de sagesse dans les pratiques éducatives. Le rapport entre les contraintes parentales et la révolte adolescente est complexe. C'est dans les foyers très permissifs et très restrictifs que la révolte des adolescents culmine, et elle est assez rare dans ceux qui ont une approche modérée. Cette observation rappelle le principe de base de la thérapie familiale: la tâche principale de l'adolescent est la différenciation, le fait de se démarquer psychologiquement de ses parents, de forger sa personnalité en adoptant ou en rejetant les attitudes et les convictions de ceux-ci, puis de les quitter effectivement.

Dans l'idéal, l'enfant passe d'une totale dépendance à une indépendance relative à l'égard de ses parents, passage qui se fait en douceur si ces derniers se montrent raisonnables en matière de discipline. Certains exercent une pression excessive sur leurs enfants, ne leur permettant pas de progresser vers l'autonomie. Sous cette emprise, les adolescents n'ont guère d'autre solution qu'une rupture radicale, l'agressivité envers leurs parents, et parfois envers la société en général.

Certains adolescents provenant de familles fusionnelles trouvent des moyens encore plus insidieux de se singulariser, comme l'anorexie. En fait, ils se disent: «Je suis maître de la situation, vous êtes impuissants contre moi!» Il s'agit bien d'une forme radicale de révolte, puisqu'elle conduit à des dommages corporels irréversibles, et même à la mort. Cette forme de révolte laisse les parents complètement désarmés.

Dans les foyers extrêmement permissifs, les parents sont à ce point indulgents que le jeune n'a pas le moindre repère de comportement: non seulement on lui permet de prendre des décisions importantes, mais on ne l'avertit même pas du danger de dépasser certaines limites.

Il n'a pas d'autre choix que d'agir de façon extrême pour découvrir les règles et les limites. Dans les foyers permissifs, il y a beaucoup d'ambiguïté quant au comportement attendu de l'enfant. Cette ambiguïté conduit à des comportements considérés comme rebelles, alors qu'ils correspondent à une recherche de normes.

Les adolescents aspirent à connaître les règles, même s'ils finissent par les rejeter. Ils interprètent la permissivité comme un manque d'intérêt à leur égard. Quand ils arrivent à cette conclusion, souvent ils se révoltent pour attirer l'attention de leurs parents.

Un partage inégal de l'autorité entre le père et la mère. Des études montrent que le taux de révolte est élevé dans les foyers dominés par le père ou la mère, et modéré ou faible lorsque le pouvoir est partagé à égalité ou qu'un des deux parents a un peu plus d'autorité. Quand l'autorité est entre les mains d'un seul, le jeune ne sait comment agir avec les deux comme représentants de l'autorité. La révolte apparaît comme la meilleure solution à cette situation confuse.

Un autre type de confusion apparaît dans les familles égalitaires si l'adolescent ne parvient pas à identifier duquel des deux parents dépend l'ultime décision. Ou bien il dresse ses parents l'un contre l'autre, de sorte qu'ils ne présentent pas un front uni.

On a également découvert un faible taux de révolte dans les foyers où un des deux parents prend clairement le pouvoir pour trancher quand une situation pose problème. Il s'agit d'une procédure librement consentie qui ne rabaisse pas l'autre parent, mais révèle une autorité inattaquable.

L'absence de cohésion familiale. Les observations cliniques révèlent que le taux de la rébellion adolescente est élevé dans des conditions de cohésion extrêmement basse ou extrêmement élevée. Rappelons que la cohésion se rapporte au degré de proximité ou d'engagement collectif et psychologique entre les membres d'une même famille. Une famille à faible degré de cohésion est dite *désengagée*, tandis qu'à l'autre extrême on parle de famille *fusionnelle*. Le modèle idéal est celui d'une cohésion modérée, qui permet à l'adolescent de réaliser sa différenciation.

Dans les familles désengagées, les adolescents manquent de liens profonds avec leurs parents, indispensables pour établir une identité distincte. Sans base contre laquelle construire son propre moi, le résultat sera incohérent, c'est-à-dire un comportement rebelle.

Dans les familles fusionnelles, il est difficile à un adolescent de se démarquer pour affirmer son identité propre. Les liens entre parents et enfants sont alors comme une glu qui empêche les jeunes de se créer un espace de séparation. Les thérapeutes familiaux utilisent le terme de *fusion du moi* en référence aux familles dans lesquelles le moi ou le sentiment de soi de chaque membre est si étroitement lié à la famille que personne ne fait la distinction entre son être propre et les autres. La révolte est parfois la seule voie pour se différencier. En fait, certains ne se différencieront pas et resteront englués à leur famille d'origine jusqu'à la fin de leurs jours.

Dans un foyer différencié, doté d'un degré de cohésion approprié, l'adolescent aura déjà engagé le processus de différenciation. L'adolescence est simplement une période au cours de laquelle ce processus s'accélère.

Les familles doivent posséder un juste dosage de cohésion et d'adaptabilité. Au fur et à mesure qu'ils grandissent, les jeunes s'éloignent de l'influence familiale et se rapprochent de leurs pairs. Si la famille supporte cette mise à l'écart tout en restant présente, l'adolescent sera moins tenté de s'y opposer, et la transition se fera sans trop de dégâts.

Fortifier les adolescents

Les parents s'inquiètent pour deux raisons principales:

1. la réaction du jeune lorsqu'on lui confie des responsabilités est un véritable test de maturité.
2. c'est également un test de vérité quant au succès du processus de son édification. Cette deuxième raison est probablement la plus forte: les parents craignent le jugement négatif qui se retournera contre eux lorsque leurs enfants commettront des erreurs.

L'édification effective de l'adolescent dépend à la fois des parents et de lui-même. Des parents désireux de confier des responsabilités, et des adolescents disposés à en prendre, se fortifieront mutuellement. Il nous faut garder à l'esprit que les préjugés à l'égard des adolescents agissent souvent comme des prophéties qui s'accomplissent d'elles-mêmes. La conviction que les jeunes sont incapables d'agir en responsables conduit à des comportements irresponsables; d'autre part, la conviction qu'ils en sont capables se confirmera le plus souvent dans les faits.

9
La famille après le départ des enfants

Nous décrirons ici trois étapes distinctes de la vie familiale qui suit le départ des enfants: 1. le départ; 2. les relations familiales après le départ; 3. la retraite. Nous essayerons d'éclairer les aspects particuliers et la dynamique propre à chacune de ces étapes.

1. *Le départ*

Le stade du démarrage dans la vie est celui où les enfants adultes quittent le foyer pour voler de leurs propres ailes, ce qui implique:

1. apprendre à être autonome, assurer sa subsistance et devenir un citoyen responsable;
2. se faire des relations valables et des amis sur qui compter;
3. avoir un projet personnel qui donne un sens à la vie.

La différenciation est le processus par lequel les individus affirment leur identité propre comme distincte de l'appartenance familiale. Ceux qui abordent le stade du démarrage dans la vie sans avoir formé une claire définition d'eux-mêmes risquent d'être excessivement dépendants (fusionnels) ou indépendants (désengagés) de leurs parents. Ou bien ils prétendront n'avoir besoin de personne, ou bien ils douteront de réussir par eux-mêmes. En revanche, ceux qui sont différenciés acceptent une interdépendance relationnelle, car ils sont à la fois détachés de leurs parents et liés à eux.

Les tâches transitoires. On en dénombre quatre qui, correctement accomplies, contribuent au succès de la séparation. Tout d'abord, les parents s'interrogeront sur leurs relations de couple. Quand le mariage va bien, le départ d'un enfant les rapproche plus qu'il ne les sépare. Mais quand les problèmes d'éducation ont suscité des tensions et des désagréments continuels, leur couple est en danger. S'ils ont privilégié le rôle parental, ses épreuves et ses joies, sa fin les met en péril. Ils reconsidéreront leurs relations face à face, ce qui consolidera leur union, s'ils en sont capables. Sinon, le ménage ne tient plus qu'à un fil et risque de se désintégrer à tout moment. Les enfants adultes mèneront plus librement leur vie s'ils savent que leurs parents sont bien ensemble.

La deuxième tâche découle de la première: parents et enfants apprendront à se fréquenter en adultes. Laisser partir ses enfants est pour une part accepter de les voir jouer un rôle d'adulte. Reconnaître ce nouveau statut et le respecter est parfois une véritable épreuve pour les parents, surtout lorsque la relation était de type autoritaire. Il en va différemment lorsque, au fur et à mesure de son développement, l'enfant était appelé à s'affirmer et à se construire.

Une troisième tâche consiste à instaurer de bonnes relations avec leur partenaire. La relation entre la belle-mère et la bru est souvent conflictuelle. La raison en est que les mères sont particulièrement impliquées dans la vie de leurs enfants mariés. Cette situation est encore aggravée lorsque le jeune marié compare son épouse à sa mère.

Également source de conflits, la relation souvent caricaturée entre le gendre et sa belle-mère tend à devenir une prophétie qui s'accomplit d'elle-même: dans la mesure où il s'attend à voir sa belle-mère se mêler de tout, le gendre suspecte les relations de la mère avec sa fille. Le conflit entre le gendre et son beau-père semble, lui, porter sur la capacité du premier à protéger la fille du second et à subvenir à ses besoins. La relation entre le beau-père et sa bru est celle qui pose le moins de problèmes.

Enfin, pour que le départ des jeunes adultes se passe bien, il est bon que les problèmes de la génération précédente soient résolus. Lorsque les parents se sont consacrés à résoudre ceux de leurs enfants adultes, le vieillissement de leurs propres parents devient parfois une source de ressentiment, parce qu'ils manquent désormais de moyens pour subvenir à leurs besoins. Pour éviter qu'elle ne devienne dramatique, cette situation sera anticipée.

Les obstacles au départ et à l'installation des jeunes dans la société actuelle. L'installation des jeunes suite à leur départ du foyer est plus difficile aujourd'hui. Les métiers bien payés exigent un niveau élevé de qualification qui coûte cher et prend bcaucoup de temps, si bien que les enfants adultes quittent le foyer pour y revenir, tels un boomerang, leurs études terminées.

À cause du prix des loyers, il est également difficile pour les jeunes couples de s'installer dans un logement à eux sans avoir à solliciter l'aide financière de leurs parents, même engagés dans une carrière professionnelle. Les besoins matériels accrus qui pèsent sur les enfants dans la vie extérieure ont entraîné un certain retour de la famille urbaine contemporaine au modèle traditionnel de la famille élargie.

2. *Les relations familiales après le départ des enfants*

Le départ de la maison est une véritable épreuve à la fois pour les parents et pour les enfants. Que le départ soit un fait accompli ne signifie pas que tous les problèmes ont été clairement résolus entre les membres de la famille. En fait, l'évolution des relations familiales dure la vie entière. Il est difficile de les modifier, de les réajuster, car la famille est un réseau de rôles et de modèles si fermement établis qu'ils paraissent définitifs. Des ajustements plus considérables encore s'imposent quand les enfants amènent leurs partenaires et leurs propres enfants dans le creuset familial. Les vieilles habitudes sont alors mises à l'épreuve et de nouvelles coalitions créent une mosaïque d'interactions et d'interrelations différentes. Des attentes et des non-dits risquent de donner au partenaire nouveau venu le sentiment d'être mis à l'écart. La famille aura à cœur d'instaurer des modes de relation qui intègrent les derniers arrivés.

La différenciation confère aux enfants vivant à l'extérieur la capacité d'être objectifs au sujet de leur famille, et de résister à la tentation des vieilles habitudes. Au lieu de prophétiser à partir du passé, parents comme enfants trouveront des façons d'agir mieux adaptées aux circonstances du moment. La famille n'étant pas le monde entier, les parents laissent partir leurs enfants et se laissent transformer à leur tour. Il est dur de laisser vraiment partir un enfant, non seulement parce que la séparation est douloureuse, mais parce qu'un enfant «à son propre compte» repensera la relation avec ses parents, et pas nécessairement au goût de ceux-ci. C'est néanmoins une occasion de changer tout en se rapprochant et de renouveler la relation.

Les grands-parents. Dans les sociétés non industrialisées, comme les parents consacraient la plus grande partie de leur temps au travail, les soins apportés aux enfants ainsi que l'enseignement de la morale et des croyances étaient souvent le domaine des grands-parents. Les Écritures célèbrent le rôle spirituel des grands-parents dans la transmission de la foi: «Je garde le souvenir de la foi sincère qui est la tienne, cette foi qui anima ta grand-mère Loïs et ta mère Eunice avant toi. Je suis persuadé qu'elle est présente en toi aussi.» Mais à cause tout à la fois du déclin de la famille élargie et de la mobilité géographique, peu de grands-parents sont engagés quotidiennement auprès de leurs petits-enfants. Et puis, dans notre société, ce ne sont pas seulement les parents, mais aussi les grands-parents qui travaillent à l'extérieur.

Aujourd'hui, l'engagement des grands-parents auprès de leurs petits-enfants est très variable. La plupart s'efforcent de rester en contact avec leurs petits-enfants, même lorsqu'ils en sont très éloignés. Rien n'empêche de communiquer son intérêt, ou d'apporter son soutien par téléphone, carte postale, e-mail, cadeaux, ou encore à l'occasion de visites pendant les vacances. Les grands-parents soutiennent leurs petits-enfants dans les moments de crise. Des études montrent, par exemple, qu'en cas de divorce ils sont moralement présents à leurs côtés. Cette présence est particulièrement importante aux stades transitoires, comme le départ de la maison, ou quand les tensions entre parents et enfants sont à leur paroxysme.

Les ménages comportant plusieurs générations. Dans le système familial nucléaire, les ménages comportant plusieurs générations sont de deux types: les couples mariés avec enfants hébergent leurs parents ou reviennent à la maison après avoir été un certain temps autonomes; ou bien les parents à la retraite s'installent chez leurs enfants mariés. Ces situations sont soit extrêmement enrichissantes et gratifiantes, soit angoissantes et délicates. Le plus souvent, c'est un mélange des deux.

En général, les familles qui ont mal préparé les transitions majeures risquent de trouver que la promiscuité des générations aggrave les tensions. Il y aura moins de stress dans les familles en bonne santé, affectivement matures et dont les membres sont nettement différenciés.

Établir des limites permet d'éviter les difficultés qui risquent d'apparaître dans ce type de situation. Le propriétaire de la maison estimera qu'il lui revient d'établir les règles et les devoirs domestiques avec ses enfants adultes, ses petits-enfants et ses parents âgés. Ces règles concerneront l'utilisation de l'espace, les responsabilités ménagères, l'éducation des enfants, les soins aux personnes âgées, et les horaires.

La prise en charge des enfants est un domaine de conflits et de malentendus potentiels. Quand il s'agit, par exemple, de discipliner les enfants, les grands-parents ont tendance à prendre des initiatives. Comme ils en ont déjà fait l'expérience, ils ont des idées arrêtées à propos de l'éducation des enfants et sont tentés de critiquer les méthodes pratiquées, au lieu d'apprendre à partager leurs connaissances en évitant de saper l'autorité des parents. Les grands-parents reconnaîtront que leurs enfants ont le droit et la responsabilité d'éduquer comme ils l'entendent.

Des conceptions différentes à propos des soins à donner aux personnes âgées entraînent parfois des conflits dans le couple. Il s'agit d'estimer les besoins à leur juste niveau pour éviter la négligence comme la surprotection.

Il est très important de discuter des problèmes que pose l'arrivée d'un parent âgé dans le foyer familial. Le couple exprimera franchement et honnêtement ses attentes, ses sentiments, ce qu'il se sent capable de faire pour cette personne.

Par ailleurs, quelle relation chaque membre de la famille aura-t-il avec le parent hébergé? S'entendront-ils tous avec lui? Certains sont-ils mal disposés à son égard, le considèrent-ils comme un intrus?

3. *L'âge de la retraite*

Les satisfactions et les difficultés. De nombreux couples présentent la retraite comme une phase heureuse du mariage. Ces couples satisfaits réservent du temps pour eux-mêmes et s'engagent dans des activités intéressantes. Leur mariage est comblé, ils ont des relations sexuelles basées sur la tendresse, ils communiquent librement et savent résoudre les conflits. Ils sont en bonne santé, financièrement stables, ils sont engagés dans leur église et ils ont des amis. Ils ne considèrent pas leur partenaire comme entêté, jaloux, maussade ou possessif.

À une époque où près d'un mariage sur trois conduit au divorce, il est particulièrement intéressant de découvrir les raisons d'une longévité réussie. La relation intime avec un partenaire dont on apprécie pleinement la compagnie est essentielle au succès du mariage. Presque aussi importants sont l'engagement, l'humour et l'aptitude à s'entendre sur un grand nombre de sujets.

Mais des tensions apparaissent souvent à cause de la présence permanente du mari à la maison. «Il est toujours après moi. Je n'ai pas l'habitude et je ne sais quoi faire de lui toute la journée à la maison», déclarait une femme âgée.

Les couples retraités ont deux grandes épreuves à subir: la maladie et la mort. Comme les maris sont habituellement plus vieux que leur femme, et que la femme a une espérance de vie plus longue, c'est l'épouse qui a le plus de chances de se retrouver dans le rôle de soignante.

L'allongement de la vie fait qu'un plus grand nombre de personnes souffrent de maladies débilitantes telles que Alzheimer ou Parkinson. On estime que cinquante pour cent des couples atteindront le stade où un des deux développera l'une ou l'autre forme de démence.

La mort d'un des époux constitue la phase finale, choquante pour celui qui reste et pour la famille, même si, en cas de maladie incurable, elle est un soulagement. La mort de l'être aimé laisse fréquemment le survivant désemparé, affligé de différents symptômes dépressifs: pleurs fréquents, repli sur soi, perte d'appétit, troubles du sommeil, fatigue, santé déclinante et perte d'intérêt pour les choses de la vie. Il n'est pas rare que ce survivant meure peu de temps après son partenaire.

Prendre soin des membres âgés de la famille. L'engagement bilatéral idéal est ce qui se passe lorsque l'amour inconditionnel manifesté par les parents à leurs enfants leur est retourné par ceux-ci quand ils vieillissent et deviennent dépendants. La Bible parle de la responsabilité de la famille vis-à-vis de ses membres les plus nécessiteux. Dans 1 Tm 5:4, nous lisons: «Mais si une veuve a des enfants ou des petits-enfants, il faut que ceux-ci apprennent à mettre en pratique leur foi envers leur propre famille et à rendre ainsi à leurs parents ou grands-parents ce qu'ils leur doivent. Voilà ce qui est agréable à Dieu.» Au verset 8, l'apôtre Paul avertit: «Si quelqu'un ne prend pas soin de sa parenté et surtout des membres de sa propre famille, il a trahi sa foi, il est pire qu'un incroyant.»

Les enfants adultes prennent quelquefois leurs parents dépendants chez eux. Quand tel est le désir des uns et des autres, ils sont très proches des conceptions bibliques touchant aux relations entre générations.

D'autre part, certains avancent que Dieu honore d'autres façons de faire, comme les maisons de retraite. L'important est que la personne âgée dépendante soit nourrie et aimée inconditionnellement, que ce soit chez un de ses enfants ou dans une maison de retraite.

Les couples âgés qui ont de mauvaises relations conjugales, ou ceux qui sont détachés de leurs enfants ou excessivement attachés à eux, vivront sans doute la retraite avec beaucoup de difficulté.

Par ailleurs la crainte de vieillir, d'être délaissé par ses enfants, de vivre dans un état de désaffection physique et mentale devient une prophétie qui s'accomplit d'elle-même. Une attitude pessimiste rend la vie misérable. Notre approche de la vieillesse, selon qu'elle est terreur ou découverte, déterminera notre capacité à l'aborder avec inspiration et dignité.

Enfin, lier son identité et le but de sa vie à la réussite d'une carrière, à l'argent gagné et à la possession de biens matériels, ou même à l'éducation de ses enfants ne sera pas une raison de vivre suffisante une fois que ces activités auront cessé d'avoir cours. Notre identité profonde se trouve dans notre relation avec Jésus-Christ. Du point de vue chrétien, donc, le sens de la vie découle davantage de ce que nous sommes que de ce que nous faisons. Les hommes ont tendance à construire leur identité par leurs actes, et les femmes en termes de relation aux autres. Ils auront plus de mal que les femmes à trouver un sens à la conclusion de leur vie et développeront donc particulièrement leurs engagements relationnels.

QUATRIÈME PARTIE

Sexualité et identité dans la vie de famille

Cette partie est consacrée à deux sources fondamentales de l'identité personnelle: le genre (ch. 10) et la sexualité (ch. 11).

10

Les changements dans les rôles attribués aux deux sexes

Dans la plupart des sociétés au long de l'histoire, être un homme ou une femme allait de soi. Hommes et femmes se développaient tout naturellement dans leur rôle respectif. Ce n'est plus le cas aujourd'hui! Notre société se perd en débats sur la masculinité et la féminité, de même que sur le rôle «naturel» de chaque sexe. Cette redéfinition des rôles a perturbé la famille.

Les différences entre les sexes

La biologie découvrit l'importance de la détermination génétique dans la nature des plantes et des animaux.

Les comportementalistes contestèrent cette notion en expliquant que les différences entre sexes étaient acquises après la naissance par le conditionnement culturel. Les uns parlaient de différences résultant de facteurs héréditaires, les autres de facteurs environnementaux.

Considérons quelques-unes de ces explications et des théories féministes de la fin du XXe siècle.

La sociobiologie

Elle explique les différences entre les sexes en termes de gènes ayant évolué à travers un processus de sélection naturelle durant des milliers d'années. Selon une version de cette science, les hommes se seraient assemblés pour les besoins de la chasse. Par la même occasion, ils auraient développé un sens de l'aventure et de la protection de leur famille, tandis que, de leur côté, les femmes exerçaient leurs aptitudes éducatives. Ce sont les gènes de ces femmes disposées à rester au foyer qui passèrent à la postérité. Les hommes recherchés pour le mariage n'étaient pas les casaniers mais les bons chasseurs, et ce sont leurs gènes qui prédominèrent dans le processus de sélection.

Telle est donc la raison pour laquelle, selon cette théorie, hommes et femmes ont des patrimoines génétiques différents.

Il est certain que les filles ont des prédispositions pour le maternage. Dès la petite enfance, elles sont plus sensibles au toucher, au bruit et aux odeurs; elles réagissent davantage aux expressions du visage; leur développement est plus précoce que celui des garçons dans les domaines du langage, de la parole, de la mémoire, de la sensibilité aux situations, de l'enregistrement et de l'exploitation des données extérieures. Si ces observations renforcent les stéréotypes traditionnels, elles ne nient pas pour autant les effets du processus de socialisation.

La théorie de la socialisation

Cette théorie affirme que, dès leur naissance, on enseigne aux enfants, explicitement et implicitement, comment devenir un homme ou une femme. La masculinité s'exprime par le courage physique, la rudesse, la compétitivité, la force, la maîtrise de soi, la domination et l'agressivité, et la féminité par la douceur, l'expressivité, la tendresse et la sollicitude.

Famille, groupes de pairs et médias se conjuguent pour persuader garçons et filles d'adopter des comportements sur mesure. En arrivant à l'âge adulte, ils sont socialisés par sexe en vue de rôles clairement définis.

La théorie néo-psychanalytique

En accord à la fois avec la théorie freudienne et la pensée féministe, cette théorie estime que si les femmes, plutôt que les hommes, prennent en charge l'éducation, c'est à cause des structures sociales et non d'un conditionnement physiologique.

La fille est continuellement engagée aux côtés de sa mère à la maison.

Par les liens étroits qui les unissent à leur mère, les filles auront une préférence pour le maternage. Les garçons n'ont pas de liens étroits avec leur père et sont obligés de s'éloigner de leur mère pour définir leur propre masculinité. Ainsi, quand ils deviendront pères, ils risquent d'être affectivement éloignés de leurs enfants.

Les théories féministes

Le mouvement des femmes a généré plusieurs théories féministes, dont chacune essaie d'expliquer la domination consciente et inconsciente des hommes sur les femmes.

Le féminisme libertaire

Cette aile majoritaire du mouvement présente les différences entre les sexes en termes de socialisation. Les féministes libertaires clament que l'inégalité des chances a été maintenue par des structures sociales dans lesquelles l'homme constitue la classe dominante et les femmes la classe opprimée. Elles croient que chaque individu a des aptitudes et des qualités propres qui n'ont rien à voir avec le sexe.

Les individus des deux sexes sont libres de choisir leur mode de vie. Par exemple, un couple décidera si le mari gagne l'argent du ménage et la femme s'occupe de la maison; si c'est la femme qui travaille à l'extérieur et le mari qui s'occupe de la maison; ou si les deux travaillent et s'occupent de la maison.

Dans le domaine sexuel, la dichotomie homme actif/femme passive est considérée comme imposée par la culture. Les féministes estiment que chacun est responsable de sa sexualité comme de son épanouissement sexuel.

Le féminisme marxiste

Les avocates du féminisme marxiste pensent que l'égalité des sexes n'est possible que dans une société sans classe. Les différences de classe et la propriété privée perpétuent l'oppression des femmes. Elles croient que si le capitalisme était abattu, les femmes obtiendraient l'égalité dans le travail. Bien qu'acceptant la sexualité et l'affectivité liées à la monogamie, elles estiment qu'étant un instrument de transmission de la richesse et du pouvoir d'une génération à l'autre, la monogamie contribue à perpétuer la domination de la classe supérieure.

Le féminisme radical

Les féministes radicales disent que l'oppression des femmes est inhérente aux relations entre les deux sexes. Elles ne croient pas que l'abolition des classes mettrait fin à l'oppression des femmes. Comme le sexisme est enraciné dans les fondements mêmes de toutes les sociétés, seuls des changements radicaux de structures seraient en mesure de l'affaiblir. Les féministes radicales estiment que les femmes doivent créer leurs propres affaires, qu'elles ont le droit d'avoir des relations sexuelles avec les partenaires de leur choix et qu'elles devraient être délivrées du fardeau que constitue pour elles l'éducation des enfants.

Le féminisme social

Tout en acceptant les arguments des radicales et des marxistes, les féministes sociales en rejettent l'extrémisme et affirment que les causes du sexisme sont à la fois l'oppression économique et les structures fondamentales des relations entre les hommes et les femmes. Comme les marxistes, elles refusent la dichotomie travail domestique/travail salarié. Il faut considérer le premier comme un vrai travail, c'est-à-dire comme un travail productif. En déchargeant son mari des tâches ménagères, l'épouse contribue à ce que les marxistes appellent la plus-value. En conséquence, les ménagères ont droit à un salaire versé par l'État.

Il faut éliminer la famille sous sa forme actuelle, car elle représente la sphère privée qui permet au capitalisme de perpétuer le sexisme. Par cette seule élimination, on éradiquera également l'oppression économique et sexuelle.

Le féminisme critique

Le féminisme critique est né de l'analyse du pouvoir dans les relations. D'après cette théorie, le pouvoir s'appuie sur la capacité de domination et de contrôle. Il est sans cesse négocié et reconstruit pour que le groupe dominant (race, genre) garde la maîtrise des affaires. Ainsi, le féminisme critique est l'analyse de la manière institutionnelle et informelle qu'ont les hommes de dominer et contrôler les femmes. En tant que théorie sociologique, le féminisme critique s'intéresse aux relations entre hommes et femmes plus qu'aux caractéristiques propres à chaque sexe.

L'idée centrale de cette théorie est l'hégémonie, c'est-à-dire le processus par lequel les hommes gardent le pouvoir en s'assurant que chacun voie le monde de leur point de vue. Les hommes constituent le groupe dominant et les femmes le groupe subordonné, mais aucune de ces deux catégories n'est homogène. Seuls certains hommes ont les caractéristiques considérées par l'idéologie masculine comme idéales: indépendance financière, force physique, belle apparence et statut social. Ces hommes possèdent une masculinité hégémonique. Ceux qui n'ont pas ces atouts sont classés inférieurs.

Bien que les femmes appartiennent toutes au groupe dominé, leur statut diffère considérablement. Celles qui répondent aux critères de l'idéologie patriarcale – joli visage, beau corps, délicatesse, douceur – jouissent du privilège d'approcher l'idéal féminin. Mais, quoi qu'il en soit, la femme n'obtiendra jamais l'hégémonie, puisqu'elle n'est pas un homme. Les idéologies théologique, politique et philosophique se combinent pour empêcher les femmes d'accéder au pouvoir. Certains religieux, par exemple, soutiennent que seuls des hommes ont le droit d'exercer les fonctions ecclésiastiques les plus prestigieuses.

Le féminisme critique offre un espoir de changement. Hommes et femmes réfléchiront et agiront ensemble pour transformer le système oppressif. Il est à craindre toutefois que le groupe dominant ne résiste à tout changement. Peut-être fera-t-il des concessions pour apaiser le mécontentement féminin, mais sans donner accès aux fondements du pouvoir masculin.

Le féminisme biblique

Les féministes bibliques sont des hommes et des femmes qui réclament des changements juridiques et sociaux capables d'établir l'égalité politique, économique et sociale entre les sexes. Il s'agit d'encourager les femmes à développer leurs dons pour l'avancement du règne de Dieu sur terre. Cela s'accomplit de façon responsable et à l'exclusion de tout stéréotype sexuel. Les féministes bibliques veulent vivre leur foi dans la justice.

Le péché des femmes a peut-être été de se déprécier elles-mêmes et de ne pas s'affirmer suffisamment, ce qui les a conduites à une dépendance excessive et à l'impuissance. Le péché se manifeste dans le système politique et social du patriarcat. Le sexisme, comme le racisme, fleurit dans un système social corrompu qui perpétue des pratiques discriminatoires à l'égard des femmes pour les maintenir assujetties. Il sera éradiqué par des changements dans les attitudes individuelles et dans les institutions sociales.

Les féministes bibliques s'efforcent de réveiller la conscience des gens à l'intérieur de la tradition chrétienne. Ils bouleversent l'inégalité des structures hiérarchiques en ordonnant des femmes, en aidant les plus démunis et en combattant les abus sexuels touchant les femmes et les enfants.

Les féministes chrétiens cherchent à réformer l'Église de fond en comble. Ils pressent les communautés de reconnaître la souffrance des femmes et de lui trouver des solutions. Ils demandent à l'Église d'encourager chacun, quel que soit son sexe, à affirmer qu'il est doté par Dieu de dons et de responsabilités qui lui font un devoir de combattre pour l'amour et la justice au service de ses semblables.

La principale différence entre le féminisme évangélique et les autres est qu'il s'autorise de la révélation biblique. Des hommes et des femmes réconciliés en Jésus-Christ qui travaillent ensemble pour de bonnes causes transformeront le royaume de Dieu sur terre.

Proposition radicale pour une réconciliation

Toutes les théories féministes ont en commun:

1. le désir fervent d'éliminer le sexisme;
2. la conviction que les différences entre sexes sont le fruit de la société et de la culture.

Le patriarcat a été tout au long de l'histoire un obstacle à l'affirmation personnelle des femmes. Frustrées, les féministes n'avaient pas d'autre solution que de s'attaquer aux structures sociales et institutionnelles qui perpétuent la subordination des femmes. Une libération des hommes et des femmes de leur rôle d'oppresseur et d'opprimé est nécessaire pour mettre fin au système néfaste du patriarcat. Mais la réconciliation, spirituelle et personnelle, de deux groupes qui ont une aussi longue histoire d'hostilité ne sera pas chose facile.

Le point de départ théologique d'une possible réconciliation entre les sexes se situe dans «l'offense de la croix». Il nous semble outrageant que le Christ ait dû se rendre totalement vulnérable sur la croix pour créer en lui un espace destiné à ceux qui avaient été ses ennemis. Il ouvrit alors les bras et les invita. En appliquant le modèle du Christ aux relations entre hommes et femmes, nous pensons qu'une réconciliation n'aboutira que si le moi est prêt à recevoir l'altérité de l'autre. Tant que chaque genre n'aura pas fait de place pour l'autre, une vraie réconciliation ne sera pas possible entre eux. Il s'agit de reconnaître la gravité de l'offense et de ne jamais la minimiser. Il faut nommer les torts, car le repentir est indispensable: les hommes se repentiront de leurs fautes en tant qu'oppresseurs.

Vers une vision intégrée des différences entre les sexes

En s'appuyant à la fois sur la physiologie et les sciences sociales, nous dirons que les hommes et les femmes naissent avec des dispositions générales, mais non avec des prédispositions directionnelles. Ces tendances génétiques sont alors accentuées par les modèles de socialisation pour s'accorder aux définitions prédominantes de la masculinité et de la féminité. Nous inclinons à penser que c'est la culture et non la biologie qui porte les hommes à présenter des caractéristiques dominatrices et les femmes à paraître soumises et émotives. Les chrétiens doivent garder cela présent à l'esprit quand ils posent la question fondamentale de savoir «Quelles sont les intentions de Dieu pour le plein développement du genre masculin et du genre féminin dans la société moderne?»

Comme chrétiens, nous devrions éviter de défendre des images culturelles qui soulignent les différences entre sexes. C'est précisément ce qui se passe lorsque nous prétendons maintenir les rôles traditionnellement attribués aux hommes et aux femmes. Et nous nous garderons d'embrasser l'idéal androgyne de la société contemporaine.

Gn 1:27 rapporte la création d'Adam et Ève: «Dieu créa les êtres humains comme une image de lui-même; il les créa homme et femme.» L'important dans ce verset est que Dieu créa l'homme et la femme comme des êtres distincts. Il nous reste à déterminer ce que cela signifie exactement et comment de telles différences doivent être exprimées dans les relations homme/femme.

Si nous examinons les Ecritures, nous ne voyons pas que Dieu désire instituer de nettes différences normatives de comportement entre hommes et femmes. Les chrétiens qui argumentent en faveur de rôles nettement distincts ne parviennent à le faire qu'en détournant le message global des Écritures. Certains utilisent une méthode textuelle faisant abstraction du contexte. Une autre utilisation erronée des Écritures consiste à présenter les descriptions historiques des rôles féminin et masculin comme normatives.

La Bible a davantage à dire au sujet du tempérament chrétien en général qu'au sujet des différences de tempérament entre hommes et femmes. L'apôtre Paul écrit dans Ga 5:22-23: «Mais ce que l'Esprit Saint produit, c'est l'amour, la joie, la paix, la patience, la bienveillance, la bonté, la fidélité, la douceur et la maîtrise de soi.» Notre culture considère ces qualités comme féminines. Non seulement les hommes et les femmes devraient se ressembler davantage, mais encore les hommes ont à développer des qualités traditionnellement considérées comme féminines.

Un autre moyen d'analyser le rôle des deux sexes dans une perspective chrétienne est de se demander comment Jésus était, en tant qu'être humain, pendant sa vie sur terre. Il a éprouvé tout un éventail d'émotions, mais sa compassion et son amour étaient constants. Il a exprimé également son chagrin dans les circonstances de deuil et de désespoir. À d'autres occasions, il a été rempli d'allégresse et a exprimé une grande joie. Jésus exprimait ouvertement la douceur, mais également la colère et l'indignation. Jésus n'était ni masculin ni féminin selon les critères culturels, mais remarquablement humain. Il incarnait les caractéristiques masculines et féminines, et présentait au monde un modèle personnel d'intégration et de plénitude.

Les femmes dans la vie de famille

Beaucoup de femmes qui se lancent dans une carrière professionnelle à plein temps éprouvent des sentiments contradictoires: les magazines, les films vantent l'amour, le mariage, les enfants, et dans le même temps ils glorifient la femme indépendante, passionnée par sa carrière.

Les femmes sont censées décrocher tout à la fois! En s'efforçant d'y parvenir, elles deviennent des superwomen, marquées par le stress et la frustration. Tout en les encourageant à s'émanciper, les hommes ne changent rien à leurs habitudes, si bien qu'elles se retrouvent avec une double charge de travail.

Les chrétiens feront preuve de modération dans ce domaine. Il s'agit de combattre les inégalités sociales dont souffrent les femmes, mais de se garder également de la philosophie qui les pousse à se surpasser.

Les hommes dans la vie de famille

La définition traditionnelle du rôle masculin encourage à la dureté, à la réserve et à la combativité. Les dommages causés aux femmes, aux enfants, et aux hommes eux-mêmes, par cette conception de la masculinité sont largement démontrés.

Il arrive qu'une femme s'engage dans une relation amoureuse avec un homme pour découvrir qu'il lui fait beaucoup de mal, par exemple: il l'accable de cris; se replie dans un silence rancunier; passe abruptement de la tendresse à la colère; ne fait aucun cas de son avis, de ses sentiments, de ses engagements, et va jusqu'à l'humilier en public; utilise le sexe, l'amour, l'argent comme moyens de répression et de domination.

Les relations des «mâles traditionnels» avec leurs enfants risquent d'être aussi désastreuses. Ce sont des pères fantômes, absents bien que présents, présents de corps mais à tous autres égards loin de leur famille. Présents ou absents, ils se déchargent sur leur épouse du soin des relations avec leurs enfants. Lorsqu'ils ont eu des relations distantes avec leur père, les hommes traînent avec eux un fardeau de vulnérabilité, de dépendance ou de manque. Ces observations devraient nous inciter à remettre en question la définition traditionnelle de la masculinité, que certains auteurs mal inspirés ont qualifiée de chrétienne.

Les hommes ont une propension à dominer les autres. La masculinité chrétienne authentique, au contraire, se traduit par la sollicitude et le soutien de l'homme à l'égard de la femme, plutôt que par la domination; il fortifie les jeunes au lieu de les contrôler; il est complémentaire des autres hommes sans rivaliser avec eux.

Les pères seront encouragés à s'associer étroitement aux efforts d'éducation. Ils participeront de façon suffisamment forte pour établir des liens affectifs profonds avec leurs enfants.

Les chrétiens sont appelés à libérer les hommes des définitions traditionnelles de la masculinité, pour développer de saines relations homme/femme et père/enfant. Pour qu'une vraie libération des femmes soit possible, une libération des hommes est également nécessaire. S'ils sont assurés dans leur masculinité, ils accepteront une liberté accrue pour les femmes.

Un homme assuré dans sa masculinité ne désire plus s'affirmer aux dépens d'une femme. Il travaillera d'égal à égal avec des femmes, voire sous leurs ordres. En famille, il sera engagé à égalité dans les tâches domestiques et l'éducation des enfants. Une femme assurée dans sa féminité est assez mûre pour ne pas succomber au pouvoir masculin, elle n'essaye pas d'être meilleure que les hommes, mais elle établit sa propre identité, ses priorités, ses valeurs personnelles dans le travail et à la maison.

11

La sexualité authentique

Le mot authentique *se définit comme «réel, juste, vrai, véritable, fiable». Nous utilisons ce terme pour indiquer que notre sexualité devrait être une part réelle, authentique, fiable de nous-même.*

Les attitudes sociales à l'égard de la sexualité

La sexualité humaine est profondément affectée par des attitudes sociales prédominantes qui ont évolué à travers l'histoire. On considère souvent que dans le passé la sexualité était brimée et réprimée. À l'inverse, de nos jours, on essaye de se débarrasser des inhibitions sexuelles.

Les puritains, souvent critiqués pour leur rigidité, avaient pourtant, dans la cadre de la culture européenne du XVIIe siècle, une vision relativement saine de la sexualité. Certes, ils prônaient la chasteté des célibataires et la monogamie, mais ils défendaient les relations sexuelles épanouies dans le mariage.

Plus répressive était la conception victorienne de la sexualité, qui distinguait radicalement le désir de l'amour. Les hommes étaient encouragés à épouser une femme pour laquelle ils n'éprouvaient aucune attirance physique. Neuf fois sur dix, affirmait-on, la femme n'éprouvait ni désir ni plaisir dans la relation sexuelle.

Pendant la première moitié du XXe siècle, on en vint à une permissivité assortie d'affection: la satisfaction du désir était acceptable pourvu qu'elle s'accompagne d'un véritable attachement.

Après la Seconde Guerre mondiale, ce fut l'avènement de *Playboy*, représentatif d'une préoccupation exclusive pour le sexe. Ce magazine connaît depuis un grand succès auprès de jeunes hommes prêts à se jeter dans une sexualité débridée. Ignorant les multiples facettes de la personnalité féminine, *Playboy* fait de la femme un objet, ce qui rassure des hommes terrifiés à l'idée d'une relation avec la femme. On leur dit comment mettre une femme dans leur lit tout en évitant de s'engager affectivement.

En de nombreux domaines, notre société est saturée de sexe: en première page des journaux, dans la musique populaire, dans les annonces publicitaires, les films et les séries télévisuelles. Nous commençons seulement à ressentir la nocivité d'un tel battage.

Dans les années 1980 émergea un mouvement favorable à une nouvelle virginité. Les femmes commençaient à se demander ce qu'elles avaient gagné à l'amour libre. On prenait conscience du fait que la liberté sexuelle minait les relations. Avec la peur du sida, on mit un frein aux promiscuités sexuelles, on prit soin de se protéger, et aujourd'hui, nombreux sont ceux et celles qui prônent la fidélité comme expression d'une sexualité saine.

Une explication socioculturelle de la sexualité humaine

Des sociologues croient que notre sexualité se développe en apprenant les définitions culturelles du comportement sexuel correct. En somme, les gens apprendraient la sexualité comme ils apprennent l'amitié ou l'amour.

Du point de vue sociologique, il semble évident que notre sexualité est le reflet de la culture dans laquelle nous sommes socialisés. Les hommes sont conditionnés pour être sexuellement actifs, et les femmes pour résister aux stimuli sexuels et aux avances. C'est aussi par culture que hommes et femmes en viennent à regarder certains objets, y compris des parties du corps, comme sexuels.

Alors que la vue d'un genou aurait fait sensation il y a un siècle, ce n'est plus le cas aujourd'hui. Imaginons qu'un jeune homme ayant vécu à la fin du XIXe siècle se retrouve sur une plage typique de notre époque: habitué à l'habillement pudique et aux conventions de son temps, il serait profondément choqué, preuve que la réaction aux sollicitations sexuelles est largement déterminée par le social et le culturel.

Vers une compréhension théologique de la sexualité

Les facteurs théologiques, socioculturels et biologiques contribuent tous au développement de la sexualité humaine. Les chrétiens ne doivent pas se sentir mal à l'aise quand des facteurs socioculturels et biologiques sont mis en évidence, car ils n'invalident pas le rôle de Dieu comme «inventeur» de la sexualité humaine. Nous pensons que Dieu a choisi d'utiliser les facteurs biologiques et socioculturels pour la forger.

Bien que l'interaction des agents biologiques et socioculturels de la sexualité humaine soit complexe, nous avancerons quelques observations:

1. La preuve scientifique ne suffit pas à expliquer les causes du développement de la sexualité humaine.

2. Les facteurs biologiques sont des agents nécessaires à la sexualité humaine, mais non suffisants pour assurer une sexualité authentique.

3. Les facteurs socioculturels sont également déterminants: ajoutés au patrimoine génétique, ils permettront le développement d'une sexualité authentique.

4. La sexualité humaine apparaît comme une séquence du processus de développement auquel les facteurs physiologiques, psychologiques, sociaux et culturels participent tous à un moment donné pour l'orienter.

5. Les facteurs biologiques sont les plus importants, déterminateurs de la sexualité au début de la vie, puis ce sont les facteurs socioculturels qui prédominent au fur et à mesure de la croissance. La famille et la communauté doivent impérativement communiquer le dessein de Dieu dans ce domaine.

6. Les familles, les églises, les communautés et les sociétés varient considérablement dans leur perception du dessein de Dieu pour la sexualité humaine.

7. Sexualité authentique et sexualité fallacieuse ne sont dichotomiques qu'au sens moral et ne devraient jamais être utilisées pour décrire des individus donnés.

Théologiquement, la sexualité humaine se comprend comme le reflet du dessein de Dieu. Gn 1:27-28 déclare: «Dieu créa les êtres humains comme une image de lui-même; il les créa homme et femme. Puis il les bénit en leur disant: Ayez des enfants, devenez nombreux, peuplez toute la terre et dominez-la; soyez les maîtres des poissons dans la mer, des oiseaux dans le ciel et de tous les animaux qui se meuvent sur la terre.» Dans ce passage, hommes et femmes sont distincts, mais aussi égaux et unis comme êtres sexués. Il leur est ordonné d'avoir des enfants, de peupler la terre et de régner sur le reste de la création.

Après avoir reconnu notre sexualité comme faisant partie du dessein de Dieu, informons-nous de ce que la biologie et la sociologie considèrent comme un comportement sexuel normal, puis incorporons cette information à une perspective biblique sur la sexualité humaine. Cette perspective se résume en quelques principes:

1. La sexualité humaine s'établit dans la différenciation mâle/femelle et l'unité des deux.
2. La sexualité est une bonne chose.
3. Les êtres humains naissent avec une aptitude au plaisir sexuel.
4. Sexualité et spiritualité sont étroitement liées.
5. Après la chute, la sexualité fut dévoyée et elle doit être restaurée.
6. Le Christ nous offre cette restauration et renouvelle notre capacité d'accéder à une sexualité authentique.

Les principes 1 à 4 concernent la création, le 5 la chute, et le 6 la rédemption et la restauration.

Au commencement, Adam et Ève étaient sexuellement parfaits, tels que Dieu les avait créés, mais ils perdirent cet état de perfection. Tous les êtres humains héritent de cette nature déchue, et notamment d'une sexualité fallacieuse.

Nous avons vu que Dieu permet que la sexualité se développe à travers les facteurs biologiques et socioculturels, mais comme ces systèmes sont imparfaits depuis la Chute, nous avons tous une sexualité imparfaite. Certains souffrent de déficiences du patrimoine génétique dont ils ont hérité; d'autres manquent d'épanouissement à cause d'une socialisation inadéquate à la maison et dans la communauté; d'autres encore sont victimes d'abus sexuels et de viol.

En dépit des obstacles, l'authenticité sexuelle à laquelle Dieu nous destine est un objectif digne d'efforts. Lorsque les rencontres sexuelles ont été profondément dommageables, elles laissent des séquelles dont il est long et difficile de guérir. La bonne nouvelle de l'Évangile est que nous pouvons espérer guérir par Jésus-Christ qui, ayant souffert pour nous, comprend nos souffrances et les guérit.

La masturbation

Des études révèlent qu'avant le mariage 92 à 96% d'hommes et 60% de femmes, voire davantage, se masturbent. La masturbation est une pratique universelle.

La Bible ne parle pas du tout de la masturbation. Elle est une façon saine pour une personne seule de trouver la satisfaction sexuelle. Dieu nous ayant créés sexués, la masturbation est un moyen de prendre conscience de son corps, mais aussi d'apaiser la tension et la frustration. En conséquence, il convient de se débarrasser du sentiment de culpabilité à ce sujet.

Mais dans le mariage, c'est un facteur négatif si elle prive le partenaire de satisfaction sexuelle, ou si elle sert à fuir les problèmes relationnels. En revanche, si les époux diffèrent quant à la fréquence des relations, elle devient une solution saine et généreuse.

Une autre question à considérer est le rapport entre la masturbation et la luxure. Ceux qui se masturbent en regardant des images érotiques devraient considérer le problème moral posé par l'exploitation sexuelle et juger si l'aspect déshumanisant des images érotiques coïncide avec le souhait de Dieu pour l'humanité. La pornographie est en rapport avec ces problèmes, et elle risque de conduire à une augmentation des viols et autres violences.

La sexualité conjugale

La sexualité n'est qu'une part de la relation conjugale. Elle est authentique et saine si elle s'intègre dans l'intimité entre époux

1. *Le fondement d'une sexualité vraie dans le mariage est la réciprocité.* Cette idée est présentée dans 1 Co 7:4-5: «La femme ne peut pas faire ce qu'elle veut de son propre corps: son corps est à son mari; de même, le mari ne peut pas faire ce qu'il veut de son propre corps: son corps est à sa femme. Ne vous refusez pas l'un à l'autre, à moins que, d'un commun accord, vous n'agissiez ainsi momentanément pour vous consacrer à la prière; mais ensuite reprenez une vie conjugale normale, sinon vous risqueriez de ne plus pouvoir vous maîtriser et de céder aux tentations de Satan.» Nous voyons qu'ici l'Ecriture invite à la réciprocité: «d'un commun accord» est la traduction du grec *ek symphonou*, «d'une seule voix».

La sexualité conjugale ne réussit vraiment que si les époux s'accordent sur leur interaction sexuelle. L'idée que le mari entreprend et domine, et que la femme se soumet n'a pas de place ici. 1 Co 7:4-5 et Ep 5:21 affirment que le désir est à partager, ce qui demande une communication attentive.

2. *Le mari et la femme exprimeront de vive voix leurs impressions et leurs désirs sexuels.* Il faut que chacun sache ce que l'autre désire. Bien que le désir sexuel soit exprimable sans paroles, il l'est aussi verbalement.

Le fait d'en parler permet au couple d'évaluer les sensations de chacun et, au besoin, ce qui est à changer. Ne pas avoir le courage de le faire expose à l'insatisfaction et à des dysfonctionnements destructeurs.

3. *La relation sexuelle n'est pas un jeu de cache-cache.* Les époux ne dissimuleront rien de leurs sensations respectives. Le jeu qui dénature les relations sexuelles est généralement dû à de l'orgueil mal placé. Ainsi, des personnes qui ne se sentent pas attirantes ne cessent de harceler leur partenaire pour s'affirmer. Une autre forme de jeu consiste à manifester de l'attirance puis de l'indifférence, soit pour être sollicité, soit pour contrôler la relation. Il y a encore le jeu qui consiste à exciter son partenaire, puis à résister lorsqu'il réagit. De tels comportements mettent la relation en danger.

4. Si jouer un jeu dans la sexualité est destructeur, la joie ou l'enjouement, *une dédramatisation souriante de la sexualité*

conjugale vaincront la gêne d'être nus et de s'impliquer sexuellement.

Un autre avantage des rapports sexuels empreints de gaieté est qu'ils évitent au couple l'écueil de la performance. Contrôler les rapports sexuels de façon qu'ils deviennent graves et solennels empêche les partenaires de réagir librement l'un à l'autre.

5. *Les acteurs sexuels ne deviendront pas spectateurs de la rencontre.* S'ils se regardent faire l'amour, ils perdent toute spontanéité. L'intimité sexuelle est parfois réduite à un simple exercice physique. En fait, la personnalité de chacun se perd dans un effort pour faire l'amour d'après le mode d'emploi. Le naturel entre ceux qui s'aiment a été remplacé par le souci d'être techniquement correct.

Quand les partenaires deviennent spectateurs, ils se séparent de leur sexualité. Ils sont pris par leur performance au point d'en oublier de s'impliquer personnellement dans une expérience amoureuse.

Dans la sexualité authentique, en revanche, les partenaires donnent libre cours à leurs sentiments, leurs penchants naturels et leurs réactions, sans évaluation de la performance. Pour que la relation soit réussie, il faut que les partenaires soient disposés à s'oublier eux-mêmes dans l'instant. C'est ainsi seulement qu'ils deviendront une seule chair.

6. *Plus le plaisir sensoriel est fort avant l'orgasme, plus l'harmonie sexuelle est grande.* Il s'agit du plaisir né de la stimulation des zones érogènes du corps pendant les préliminaires. La sexualité vraie est beaucoup plus que la pénétration. Elle implique des attouchements qui expriment tendresse, affection, bienveillance, compréhension, aise, désir...

7. *Plus les partenaires seront sûrs l'un de l'autre, plus leur sexualité sera épanouie.* Des observations scientifiques révèlent que les femmes s'investissent d'autant mieux sexuellement qu'elles sont sûres de la relation. Et à l'inverse, celles qui doutent de leur partenaire, ou craignent d'être rejetées, ont plus de mal à s'adapter sexuellement. Lorsqu'une relation est mal assurée, les partenaires ont tendance à jouer le jeu de l'amour.

Les hommes, eux aussi, désirent la sécurité dans la relation sexuelle. Ils veulent un engagement chaleureux et stable qui confirme leur virilité

Au fur et à mesure que le couple grandit par l'engagement, la grâce, le service et l'intimité, il se rapproche de plus en plus de la sexualité idéale authentique voulue par Dieu.

CINQUIÈME PARTIE

La communication : au cœur de la vie familiale

En exprimant l'amour et l'intimité, la colère et le conflit, les membres d'une famille en viennent à se connaître de façon très personnelle. C'est par la communication, l'expression de pensées et de sentiments que les relations familiales progressent et s'approfondissent.

Le chapitre suivant s'ouvre sur une question: pourquoi l'expression de l'amour est-elle aussi essentielle à l'intimité familiale? Le chapitre 13 traite des conflits familiaux.

12

L'expression de l'amour, l'épanouissement de l'intimité

Nous avons insisté sur l'importance de construire l'intimité dans les relations familiales, une des choses les plus difficiles à réaliser. Partager des sentiments, même avec les membres de sa propre famille, est angoissant, à cause de notre vulnérabilité et de la crainte d'être rejeté.

Pour diverses raisons, accéder à l'intimité dans le mariage et dans la vie de famille est plus complexe que ça ne l'était autrefois. Nombre de caractéristiques de la société moderne ont aggravé le sentiment d'aliénation et de solitude. En premier, la mécanisation: les machines ont envahi notre vie quotidienne, elles assument une large part de la charge de travail, et la vie elle-même est réglée comme une machine.

La prédominance de l'anonymat dans notre société contribue également à rendre superficielles nos relations avec les autres. Des milliers de gens vivent côte à côte sans se connaître, et il n'y a évidemment aucune intimité entre eux. Les activités de consommation telles que l'achat de vêtements, de nourriture ou de carburant sont dépersonnalisées à l'extrême. Ainsi apprenons-nous à établir des relations superficielles avec les différentes personnes que nous rencontrons.

Enfin, la société est tout entière bureaucratisée. Les tâches spécialisées des individus sont coordonnées par des structures sociales monolithiques. Les bureaucraties classent les gens hiérarchiquement, les droits et les responsabilités des individus se définissent en fonction de la position dans l'organisation du pouvoir. À cause de la bureaucratie, nous nous voyons souvent comme des objets occupant une certaine position plutôt que comme des personnes humaines. La mécanisation, l'anonymat et la bureaucratisation ont fait que les relations se vivent aujourd'hui sur un plan impersonnel, d'où solitude et aliénation. Nous appartenons à une foule sans visage, nous sommes traités comme de simples numéros. Les gens désirent l'intimité parce qu'une grande part de leur vie est impersonnelle. Face à ce monde insensible, la famille devient un refuge où trouver réconfort, attentions et intimité.

Autrefois, on attendait moins que le mariage et les relations familiales conduisent à l'intimité. Il y a un siècle, le mariage consistait simplement, pour le mari à nourrir sa famille, et pour la femme à s'occuper des enfants. Puis la notion de compagnonnage conjugal prévalut: chaque époux était censé prendre sur soi les besoins de l'autre. De nos jours, on attend des relations conjugales comme des relations parentales qu'elles soient intimes dans un sens inconnu de la plupart des sociétés du passé.

L'intimité est désirable dans le mariage et les relations familiales, non seulement comme refuge contre l'anonymat de la société, mais aussi comme reflet de l'idéal biblique. On trouve dans Gn 2:24-25 une ferme exhortation à l'intimité familiale: «C'est pourquoi l'homme quittera père et mère pour s'attacher à sa femme et ils deviendront tous deux une seule chair. L'homme et sa femme étaient tous deux nus, mais sans éprouver aucune gêne l'un devant l'autre.» Dans leur nudité, l'homme et la femme partageaient craintes, chagrins, joies et désirs. Dieu entend que la famille soit un havre où nous sommes libres d'exprimer nos sentiments sans entrave et sans honte.

L'expression de l'amour

Il est étrange que les mots «je t'aime», qui devraient être les plus faciles et les plus agréables à dire, viennent en fait difficilement à la bouche du plus grand nombre. Chacun sait à coup sûr que rien ne rend une autre personne plus heureuse que d'entendre ces mots, et pourtant, même les membres d'une famille se sentent étrangement mal à l'aise pour se déclarer leur amour.

L'effet produit par l'expression de l'amour

Pourquoi est-il aussi important de dire aux membres de sa famille qu'on les aime? Tout d'abord, c'est salutaire pour celui ou celle qui fait le geste. Il est physiquement et psychologiquement malsain de garder ses sentiments pour soi. Cacher ses émotions fait perdre contact avec son être entier.

Un après-midi, on projetait *Roméo et Juliette* devant un auditoire nombreux de lycéens. Les rôles de Roméo et de Juliette étaient interprétés par des acteurs de l'âge des spectateurs, qui pouvaient donc s'identifier à la tragédie d'un amour contrarié par les relations familiales. Cependant, lors de la scène finale, on entendit des rires venant du côté des garçons, alors que la plupart des filles pleuraient. De toute évidence, les rires détournaient l'émotion que des «hommes» n'ont pas le droit de laisser paraître.

Extérioriser nos sentiments nous aide à les reconnaître et à les accueillir. Sinon, nous restons dans l'équivoque et pas clairs à leur sujet. Exactement comme parler d'un problème avec quelqu'un est une façon de mieux le comprendre, extérioriser nos émotions nous aide à conceptualiser ce que nous ressentons.

Une seconde raison pour laquelle il est important d'exprimer l'amour, c'est l'épanouissement de ceux que l'on aime. Les êtres humains ont besoin d'entendre et de recevoir l'amour leur vie durant. Nombre d'enfants, même s'ils ont été bien soignés, mais n'ont pas reçu assez d'affection, souffrent de marasme, une maladie fréquente parmi les enfants victimes de la guerre et les orphelins. Le corps s'affaisse, se vide de toute son énergie, l'enfant ne se développe ni socialement, ni psychologiquement, ni physiquement, et bien souvent, il meurt. Ce qui nous frappe, c'est que la cause de cet état est la privation d'amour. Il est clair que les enfants ont besoin d'être serrés, bercés, caressés, embrassés.

On sait que les enfants développent une image d'eux-mêmes qui s'appuie sur la perception que les autres ont d'eux. Ils ne s'aiment eux-mêmes que si leurs parents leur ont exprimé de l'amour, par les gestes et par la parole.

Troisièmement, exprimer l'amour est important pour nos relations. Tout comme l'engagement réciproque (l'alliance) est à la base d'une saine relation familiale, la communication est le processus par lequel la relation se maintient et progresse. La communication est bilatérale. Des personnes communicatives font parfois de louables efforts pour soutenir une relation compromise par le refus ou l'incapacité de l'autre à partager leurs sentiments, en vain. Dans de nombreux mariages, le manque d'expressivité conduit à une résignation fataliste: «Les hommes sont comme ça», ou «ma femme vient d'un milieu où les gens ne se parlent pas». Le potentiel d'intimité est étouffé, le couple stagne émotionnellement. Parfois, un des époux cherche à satisfaire ses besoins affectifs en dehors du mariage.

L'incapacité à exprimer l'amour empêche l'intimité dans les relations familiales. Un membre de la famille qui exprime ses sentiments sans jamais être payé de retour se met à les exprimer de moins en moins. L'intimité dépend beaucoup de la réciprocité. L'effet d'une communication unilatérale est un sentiment d'insécurité. Par exemple, si un père n'exprime jamais d'amour à son fils, celui-ci se demande bientôt où il en est avec son père. Le sentiment d'insécurité entraîne souvent un comportement manipulateur visant à susciter quelque réaction chez la personne qui ne communique pas, au besoin une réaction négative. Ainsi, l'enfant ira jusqu'à provoquer la colère du parent, par défaut d'une attention chaleureuse.

Les expressions d'amour non verbales

Des individus peinant à exprimer leurs sentiments par la parole demanderont: «Le langage du corps, les gestes permettent-ils de montrer que l'on aime?» Il existe effectivement des alternatives à l'expression de l'amour: une étreinte, une tape sur l'épaule, ou le langage écrit. En fait, nous ignorons souvent ce que l'expression de notre visage, nos attitudes et les mouvements de notre corps communiquent aux autres. On a observé que, lors de discussions en famille, l'accord ou l'opposition se traduit par le langage du corps: attitude détendue de celui ou celle qui est plutôt d'accord avec les idées proposées, attitude rigide, jambes et bras croisés de celui ou celle qui est contre et sur la défensive.

Il est donc possible d'exprimer l'amour autrement que par la parole, mais posons-nous aussi la question: «Jusqu'où ces expressions non verbales sont-elles en mesure de créer une relation d'amour?» La réponse à cette question est complexe. Lorsqu'un membre de la famille ne s'exprime qu'ainsi, les autres doivent être capables d'en lire le sens caché. Au prix de sérieux efforts, ils y parviendront peut-être. Un grognement, un soupir, un regard sont porteurs de sens pour un interprète attentif qui a passé du temps à déchiffrer les désirs et les sentiments de personnes inexpressives. Le problème avec ce type d'expressions non verbales de l'amour, ce sont les malentendus et l'ambiguïté des messages qui résultent de l'interprétation. En outre, les personnes inexpressives n'apprennent jamais à être directes et en conséquence n'atteignent jamais un niveau profond d'intimité avec ceux qu'elles aiment.

Les gestes d'amour sont indubitablement bien venus: un bouquet de roses, une carte postale ou deux billets pour un concert incarnent l'amour et l'affection du donneur. Les gestes symboliques sont attendus comme participant des relations familiales. Une lettre, un poème, un chant sont d'autres moyens d'exprimer l'amour.

Les relations familiales s'enrichiront ainsi d'une variété d'expressions de l'amour. Ceux qui trouvent difficile de communiquer leurs sentiments par la parole seront peut-être tentés de dire que les formes non verbales suffisent. Observons cependant que la communication verbale a deux avantages: elle est précise et personnalisée.

Le langage du corps, les gestes physiques ou symboliques permettent de communiquer, mais ils manquent de précision. Le langage du corps, par exemple, est susceptible d'être mal compris. Le récepteur du message se demandera: «Que signifie cette lueur dans son regard, en fait?» Les expressions physiques prêtent à équivoque, également. Un parent s'interroge dans son for intérieur: «Mon fils me serre-t-il dans ses bras parce qu'il m'aime, veut-il retarder le moment d'aller au lit, ou encore a-t-il peur de quelque chose?» Les gestes symboliques éveillent le soupçon: «Pourquoi m'offre-t-il des fleurs? Qu'est-ce qu'il va faire maintenant?» De toute évidence, le récepteur devra vérifier ces messages pour savoir s'il les a bien interprétés.

Les obstacles à l'expression de l'amour

Pour de nombreuses raisons, les membres de la famille, masculins en particulier, ont des difficultés à exprimer leurs sentiments.

Si étonnant que cela paraisse, la peur est une de ces raisons. En exprimant l'amour, nous dévoilons notre être à une autre personne. Nous ne révélons pas seulement nos sentiments en général, mais ceux que nous éprouvons pour cette personne, nous plaçant ainsi en position de vulnérabilité. C'est comme si nous étions affectivement nus, comme si nous avions enlevé notre enveloppe et permettions à l'autre de voir nos émotions à l'état brut. Ce faisant, nous craignons d'être rejetés, de ne pas être entendus ou pire, de ne pas être payés de retour. L'expérience d'un rejet dans le passé rend difficile l'expression de l'amour dans le présent.

La crainte d'exprimer l'amour est en partie le signe d'un manque d'estime de soi. Les personnes qui ne s'estiment pas pensent qu'elles ont peu d'amour à donner et que leurs déclarations ne valent rien. Elles en viennent parfois à se détester. Et quand on ne s'aime pas, il est bien difficile d'aimer qui que ce soit, ou d'exprimer l'amour que l'on ressent.

Un autre obstacle à l'amour en famille est la gêne, surtout lorsqu'une longue relation de réserve s'est établie. Une fois l'habitude prise de ne pas se livrer, il paraît bizarre de vouloir introduire un nouveau style de communication. Les parents qui ont exprimé verbalement leur affection dès la naissance de leurs enfants n'éprouveront aucune difficulté à le faire quand ils auront grandi.

Certains membres de la famille sont tellement gênés à l'idée de parler de sujets intimes qu'ils conçoivent divers stratagèmes pour l'éviter. Parler de tout et de rien en est un. Le bavardage continuel devient un mécanisme de défense permettant de tenir les autres à distance. Un autre moyen de défense consiste à intellectualiser les sentiments. Certains deviennent experts en analyse des sentiments et ils évitent ainsi d'exprimer les leurs.

Une autre raison qui porte les membres de la famille à négliger de se dire qu'ils s'aiment est le temps qu'il faut y consacrer. En effet, il faut pour cela se retrouver tous ensemble dans des circonstances agréables. Cultiver une intimité favorable à l'expression de l'amour prend beaucoup de temps et suppose que chacun investit une part de soi-même et fait des efforts pour s'intéresser à la vie des autres.

Une autre raison encore pour laquelle les gens n'expriment pas leur affection, c'est qu'ils connaissent mal leurs propres sentiments et que, n'ayant aucune prise sur eux, ils sont incapables de les identifier, de les reconnaître, donc de les exprimer, ou au mieux indirectement. Un mari qui a de l'amour pour sa femme mais qui peine à identifier ce sentiment, dira peut-être: «Je devais avoir de bonnes raisons pour te choisir.» C'est une façon de lui dire qu'il l'aime, mais pas directement. Certaines personnes ne ressentent que des impulsions positives ou négatives au lieu de sentiments, par manque de la conscience de soi nécessaire à toute relation intime.

En résumé, ce sont des attitudes culturelles traditionnelles qui chez les hommes inhibent l'expression de l'amour. Il s'agit là en fait du facteur prédominant. L'observation biologique fait apparaître que les hommes ont plus de difficultés à verbaliser les sentiments. Mais si cette observation semble expliquer le manque d'expressivité des hommes, elle ne précise pas la différence entre hommes et femmes sur ce plan. Il se trouve qu'habituellement, dans le processus de socialisation, les parents soulignent à tort les prédispositions de leurs enfants. Une tendance innée devient alors une étiquette pour l'enfant, qui se comporte conformément aux attentes. Ainsi, une tendance au mutisme en vient à faire partie de l'image que l'enfant a de lui-même et devient une prophétie qui s'accomplit d'elle-même.

Dans notre société, les garçons affichent une prétendue masculinité opposée à une prétendue féminité. On leur apprend qu'amour, tendresse et gentillesse sont féminins. Quand un garçon pleure d'émotion, on s'empresse de lui dire: «Tu es un grand garçon, et les grands garçons ne pleurent pas!» De différentes manières, les parents indiquent à leur fils qu'un homme n'extériorise pas ses émotions. «C'est un vrai garçon» signifie avoir un comportement agressif ou méchant.

En quittant la sphère familiale pour un groupe masculin, la consigne d'éviter toute démonstration de sentiments dits «féminins» se trouve renforcée. Être affectueux, gentil et expressif avec les autres exclut le garçon de son appartenance au groupe. Les médias véhiculent le même message: dans les films, à la télévision et dans la publicité, le mâle sait contenir ses sentiments.

S'il est vrai que beaucoup de filles grandissent dans un environnement défavorable à l'expression verbale de l'amour, les garçons reçoivent de la société des signaux contraignants, qui associent le contrôle affectif au statut d'homme. Cette conception des choses est à combattre dans la famille autant que dans la société.

L'expression de l'amour dans les relations parents/enfants

Le lien affectif entre l'enfant et ses parents est le facteur de développement le plus important. Les enfants qui n'ont pas eu de liens affectifs solides avec leur père et leur mère chercheront toute leur vie à compenser ce manque. En fait, le problème le plus fréquent pour les garçons comme pour les filles, c'est le manque de lien affectif avec leur père.

Jusqu'à la révolution industrielle, la famille était la première unité de production économique. Le père et la mère avaient à charge ensemble de produire et d'éduquer les enfants. Avec l'industrialisation, le ménage se sépara, les pères travaillant à l'extérieur et les mères s'occupant des enfants à la maison. En conséquence, les femmes avaient vocation de cultiver l'expression des sentiments, tandis que les hommes avaient une approche plus dure et pragmatique de la vie.

Par le rôle social qui leur est assigné, pères et mères ont une relation distincte avec leurs enfants. Des études montrent, par exemple, que les mères incitent directement les petits à réagir, à manifester leur affection, tandis que les pères ont tendance à lire ou à regarder la télévision avec leurs enfants. En outre, les mères sourient et parlent davantage à leurs petits.

Les parents, les pères en particulier, traitent leurs fils différemment de leurs filles. Ils fixent des limites plus étroites aux câlins avec un garçon d'un an qu'avec une fille. On a également noté que le comportement distinctif du père est encore accentué en présence de la mère.

Toutes ces observations suggèrent que garçons et filles en viennent à manifester des attitudes expressives différentes à cause du modèle proposé par leurs parents et de ce que ces derniers attendent de leurs enfants. Les jeunes filles sont plus disposées à exprimer leurs sentiments que les jeunes gens du même âge. Ces derniers, cependant, sont à égalité avec elles lorsque leur père est et a été quelqu'un d'expressif.

Le modèle qui semble émerger est celui de mères impartiales dans l'amour qu'elles manifestent à leurs fils et leurs filles, et de pères qui traitent leurs enfants des deux sexes selon les stéréotypes habituels. Cette discrimination de la part du père commence très tôt et s'accentue avec les années. Lorsque les enfants atteignent l'adolescence, le père voit en sa fille quelqu'un qu'il faut traiter gentiment, prendre dans ses bras, complimenter, alors qu'il traite son fils avec distance. C'est pourquoi les filles ont très souvent une haute estime pour leur père. Celui-ci semble préoccupé par le développement viril de son fils, alors qu'il encourage la féminité de sa fille.

Les hommes sont aux prises avec l'intimité parce qu'ils n'ont pas vécu de relation chaleureuse avec leur père. Le processus d'individuation est particulièrement difficile pour les garçons parce qu'ils doivent tout d'abord se séparer de leur mère, puis s'identifier et s'attacher à leur père qui, dans un grand nombre de cas, hélas, est rébarbatif, incompétent ou absent. Dissuadés de solliciter l'aide de leur mère et en présence d'un père froid et distant, nombre de garçons sont obligés de se débrouiller seuls avec leurs sentiments et leurs difficultés personnelles. Il n'est donc pas surprenant qu'arrivé à l'âge adulte, le garçon ne sache pas exprimer ses sentiments à d'autres.

L'expression de l'amour dans le mariage

L'expression de l'amour dans la relation conjugale pose un dilemme à la plupart des hommes. D'une part, la société lui enseigne qu'être viril c'est maîtriser l'expression de ses sentiments et, d'autre part, le mariage demande un partage de l'affection et du compagnonnage, une capacité de communiquer ses sentiments.

Le mariage sera d'autant plus réussi qu'il y aura communication affective entre mari et femme. Dans la majorité des cas, le mari est moins expansif que sa femme. Lorsque les deux sont à égalité sur ce plan, le mariage est plutôt réussi. Peu importe le degré d'expressivité, si les niveaux sont équivalents. Un couple dans lequel chacun s'exprime peu a les mêmes chances d'être sain que son opposé. En revanche, il y aura insatisfaction profonde quand l'un s'exprime et l'autre pas.

Quand le mari n'extériorise guère ses sentiments, cela risque de compromettre les dispositions de sa femme à l'ouverture et au partage. Si la déclaration d'amour ne trouve pas d'écho, elle cessera probablement d'avoir cours au bout d'un certain temps. Nombre d'épouses commencent leur mariage par des déclarations d'amour enthousiastes, puis s'expriment de moins en moins si leur mari ne réagit pas.

Il y a aussi différents degrés de vulnérabilité: si la femme révèle ses sentiments tandis que son mari refuse de se livrer, elle ne voudra plus prendre l'initiative unilatéralement. Sans partage, l'intimité est impossible dans un couple.

À la naissance d'un enfant, il arrive que la femme s'intéresse moins à son mari. Avec le temps, cet enfant comble une part des besoins affectifs de la mère. Il est tentant pour elle de se tourner vers un enfant qui répond à son amour, plutôt que vers un mari qui ne lui rend pas son affection.

Les épouses deviendront également moins tendres s'il y a compétition pour le pouvoir dans le mariage, chose fréquente de nos jours. La retenue des maris sur le plan affectif est souvent une tactique: ils dissimulent leurs sentiments pour avoir le contrôle de la relation conjugale. Si la femme s'en rend compte, elle sera peut-être tentée d'agir de même, c'est-à-dire décider de ne plus parler d'amour tant que son mari cherche à la dominer, dans le but qu'il décide d'exprimer son amour pour elle.

Ce dernier scénario se produit plutôt lorsque le mari est peu intéressé par son mariage et que sa femme est très dépendante de lui. Elle n'ose pas trop exiger de peur qu'il ne rompe la relation. Il use en fait de la menace pour la faire céder. Dans ce type de relation, «Je t'aime» équivaut à une perte de pouvoir. Si le mari considère l'amour de sa femme comme acquis, elle est impuissante, et elle feindra peut-être quelque désintérêt pour son mariage dans l'espoir de regagner quelque pouvoir.

Un modèle biblique d'expressivité

Le dernier échange entre Jésus et Pierre (Jn 21) est une image parfaite de l'intimité désirable dans les relations familiales. C'est également un modèle d'expression de l'amour. Pierre et quelques disciples avaient pêché toute la nuit sur le lac de Tibériade. Quand ils revinrent à terre, Jésus les attendait au bord de l'eau. Après le repas, Jésus demanda à Pierre par trois fois: «M'aimes-tu?» Pierre en fut attristé, mais Jésus avait de bonnes raisons d'agir ainsi: auparavant, son disciple l'avait renié trois fois, et Jésus lui donnait l'occasion de réaffirmer son amour. Nous ignorons s'il avait demandé pardon pour son reniement, mais Jésus lui offrait le pardon et la possibilité d'exprimer à nouveau ses sentiments. Pierre en avait certainement besoin, car il serait bientôt membre d'un petit groupe chargé de continuer l'œuvre commencée par le Christ.

Après cette expérience, Pierre changea. De froussard qu'il avait été pendant la passion de Jésus, il devint un valeureux témoin après l'ascension. Les gens qui luttent aujourd'hui pour trouver l'intimité dans un monde anonyme, prendront conscience qu'ils sont libres de changer, eux aussi, en exprimant leur amour. Comme la parole de Dieu l'enseigne en effet: «Il n'y a pas de crainte dans l'amour; l'amour parfait exclut la crainte. La crainte est liée à l'attente d'un châtiment et, ainsi, celui qui craint ne connaît pas l'amour dans sa perfection. Quant à nous, nous aimons parce que Dieu nous a aimés le premier.» (1 Jn 4:18-19)

13

L'expression de la colère: gérer les conflits

Les familles fortes ne sont pas celles qui ne connaissent pas de conflits, mais celles qui parviennent à les résoudre. Quand nous rencontrons un couple qui déclare n'avoir jamais eu le moindre conflit, nous envisageons plusieurs possibilités: ils sont mariés depuis peu, ils ne se connaissent pas très bien, ils se parlent peu, ou ils mentent. Le conflit appartient normalement à la relation intime.

Simplement défini, le conflit est une divergence d'opinion. Le conflit familial est soit individuel (c'est-à-dire entre deux membres de la famille), soit collectif (c'est-à-dire entre deux «camps» familiaux). Le conflit individuel surgit soit dans un sous-système (par exemple, entre le mari et la femme) soit entre deux sous-systèmes (par exemple, entre le père et son fils). Le conflit collectif concerne ou non deux sous-systèmes (parents contre enfants ou mère et fille contre père et fils).

Bien que le conflit familial ait pour origine des divergences entre individus, il se rapporte habituellement aux liens qu'entretiennent ces individus avec le système familial et les sous-systèmes. Cela signifie que la plupart des conflits familiaux sont systémiques par nature, centrés sur l'élaboration de changements dans le système familial. Le conflit conjugal, par exemple, risque de se produire pendant les premières années, quand le système est en formation, ou pendant les périodes transitoires de restructuration[1]. Le conflit parents/enfants est

1. On peut lire à ce sujet *Vivre heureux en couple, gérer les conflits de la vie quotidienne*, Jacques et Claire Poujol, Empreinte Temps Présent, 1999.

assez rare quand les sous-systèmes parental et fraternel sont solidement établis, et plus fréquent quand les enfants atteignent l'adolescence et les parents la quarantaine.

Un conflit entre sous-systèmes peut entraîner un conflit secondaire entre sous-systèmes individuels. Par exemple, un conflit entre les parents et leurs enfants adolescents, qui entraîne un désaccord entre le mari et la femme sur la façon de le résoudre. Il arrive aussi qu'un conflit entre sous-systèmes unifie chacun d'entre eux, comme lorsque les enfants, en conflit avec leurs parents, s'entendent pour les affronter ensemble.

Un conflit entre deux membres de la famille touche souvent les autres. De forts liens affectifs et l'effet qu'a l'issue du conflit sur tous les membres de la famille font qu'il est difficile pour les autres de rester en dehors. Un triangle se forme quand ceux qui ne sont pas directement concernés s'engagent dans le conflit pour soutenir un des antagonistes. Ce qui ajoute encore à la complexité de la situation.

Une approche désastreuse du conflit: la dénégation

Alors que le conflit n'est en soi ni bon ni mauvais, la façon de le traiter sera constructive ou désastreuse. La dénégation ou le refus de traiter le conflit détruisent les relations familiales. Dénier, c'est comme balayer la saleté sous le tapis, c'est refuser de s'attaquer au comportement qui a suscité le problème. La situation deviendra de plus en plus malsaine, parce que le comportement à l'origine du conflit reste inchangé. La dénégation n'est pas seulement destructrice sur le plan relationnel, elle l'est aussi sur le plan personnel, car ceux qui nient le conflit doivent également nier leurs sentiments de souffrance, de frustration et de colère.

Il y a diverses façons pour les membres de la famille d'ignorer un conflit. La plus courante est le déplacement: celui ou celle qui est en colère contre un membre de la famille reporte ses humeurs sur un troisième. Tel est le cercle des déplacements intra-familiaux: le mari houspillé par son patron, rentré chez lui crie sur sa femme, laquelle gronde sa fille, laquelle s'en prend à son petit frère, qui se défoule sur le chien.

Les membres de la famille qui sont en position de force utilisent le déplacement pour se décharger de leurs frustrations sur les plus faibles. En fin de série, les plus jeunes pensent à tort qu'ils sont mauvais et qu'ils méritent d'être punis.

Autre forme courante de dénégation: le désengagement. Les membres de la famille évitent dans ce cas d'aborder les questions sensibles et controversées. Le désengagement commence quelquefois par une explosion de colère suivie d'un repli, comme lorsque le mari accable sa femme, quitte la maison en claquant la porte, prend sa voiture et revient deux heures plus tard, comme si rien ne s'était passé. Par la suite, ni l'un ni l'autre ne parle des raisons de cette crise. Le désengagement fait obstacle au progrès de la relation et risque un jour ou l'autre de provoquer une crise grave.

Une forme de dénégation plus subtile: la disqualification de sa propre colère. Une mère s'emportera follement contre ses enfants simplement pour disqualifier le bien-fondé de sa colère, en se disant qu'elle ne se serait pas emportée si elle avait mieux dormi la nuit précédente. Les «disqualificateurs» ont tendance à dissimuler leurs sentiments de colère plutôt que de les admettre. Comme les autres formes de dénégation, la disqualification est régressive et elle détruit les relations familiales.

Les approches constructives

La première condition pour traiter un conflit est d'admettre son existence; la seconde de décider comment l'aborder[1]. Alors qu'il est relativement facile de reconnaître et d'admettre ses sentiments de colère, les avis diffèrent quant à la façon de les résoudre. Il y a deux approches constructives possibles: le combat loyal et la gestion du conflit.

Beaucoup réagissent violemment à des expressions telles que «conflit constructif», «combat loyal» dans l'amour et le mariage, à cause de la contradiction apparente qu'elles comportent. Ils pensent que le combat est toujours destructeur.

Le concept de gestion du conflit est apparu en réaction à l'idée qu'il y a une fin au conflit, qu'il peut être résolu. Cette approche plus réaliste envisage le conflit dans les relations humaines comme un processus interminable impliquant de

1. Pour une étude approfondie de ce sujet, lire l'ouvrage de Jacques et Claire Poujol: *Les conflits, origines, évolutions, dépassements*, Empreinte Temps Présent, 1989.

perpétuels changements. Dans un certain sens, le conflit ne sera jamais complètement résolu, c'est pourquoi il exige un suivi constant.

Le combat loyal

Avant l'apparition de ce concept, on tendait à considérer tout conflit comme indésirable et destructeur. Le combat loyal prit place en réaction aux extrêmes opposés du déni et de l'évitement d'une part, et à l'affrontement et l'attaque de l'autre. Nous pensons qu'il est sage de revoir les règles du combat loyal, sans chercher à identifier l'origine de chacune.

1. *Identifier le problème.* C'est la première règle du combat loyal. Tâche difficile, car la plupart des conflits familiaux impliquent plusieurs problèmes. Il y a également probabilité de divergence entre les membres de la famille quant au problème central. On ne progressera guère tant que chaque personne concernée ne saura pas comment les autres définissent le conflit. Quand les problèmes sont multiples, il s'agit de désigner celui à traiter en premier, et d'essayer de comprendre ce qui les relie.

2. *Choisir le bon moment.* Si les circonstances le permettent et si l'émotivité n'est pas trop intense, certains conflits sont gérables dès leur apparition. Mais dans la plupart des cas, les personnes concernées doivent retrouver leur calme et prévoir un moment à la convenance de tous. Si un garçon de seize ans rentre à minuit au lieu de onze heures dernière limite, les parents seront bien avisés d'attendre le lendemain pour résoudre le problème, car ils seront en colère et fatigués.

3. *Choisir le bon endroit.* Le combat loyal aura lieu en terrain neutre. Le bureau du père, celui de la mère ou la chambre du fils sont des endroits inappropriés. Il faut choisir un endroit où chacun soit sur pied d'égalité et où la confrontation ne risque pas d'être interrompue.

4. *Commencer par un compliment.* La discussion progressera de façon plus douce si on commence par un compliment. Supposons, par exemple, que Brigitte néglige de suspendre les serviettes et de ranger ses vêtements lorsqu'elle utilise la salle de bain. Ses parents ne lui diront pas: «Brigitte, nous en avons assez de te voir jeter tes vêtements et les serviettes à travers la

salle de bain. Gare à toi!», mais plutôt: «Brigitte, le plus souvent tu respectes les règles familiales, mais on dirait que tu as oublié nos conventions pour garder la salle de bain propre. Tu serais gentille de ramasser tes vêtements et d'accrocher tes serviettes après ton bain.» C'est l'expression claire d'un mécontentement, en même temps qu'une demande justifiée, mais la remarque positive accorde à Brigitte le bénéfice du doute, lui épargne le soupçon de mauvaises intentions et l'accusation d'enfreindre les règles.

5. *S'en tenir au problème.* La discussion engagée, on s'en tiendra au problème. C'est difficile, spécialement si quelqu'un évoque un point particulier. Si ce point est vraiment lié au problème considéré, la discussion sera élargie. Mais on n'autorisera personne à faire diversion au problème principal, tous les autres étant déclarés hors-sujet.

Quand la famille se réunit pour régler un problème, tous participeront au débat. On se réunit pour être à l'écoute de chacun et essayer de comprendre son implication dans le conflit. Chacun demandera en quoi il participe du problème et ce qui est faisable individuellement et collectivement pour le résoudre.

6. *Ne pas remuer le passé.* Dans le feu de la discussion, il est tentant de ressortir d'anciens griefs. Certains ont tendance à intérioriser leurs frustrations au lieu de les exprimer directement, et ils profitent d'une discussion pour s'en décharger sur les autres, ce qui empêche le débat de progresser.

7. *Ne pas porter de coups bas.* Dans le combat loyal, les attaques touchant à nos points faibles sont indésirables. Nous avons tous des travers que les membres de la famille connaissent bien, comme la surcharge pondérale ou la tendance à chaparder.

8. *Prendre les autres au sérieux.* Se moquer d'un autre en cours de discussion est inadmissible. Ce comportement laisse entendre que son opinion est sans valeur et ne mérite pas d'être prise en considération. Évidemment, cela fait obstacle à la résolution du problème abordé.

9. *Exprimer la colère sans excès.* La Bible ne dit pas que la colère est un péché. L'épître aux Éphésiens déclare: «Si vous vous mettez en colère, ne péchez pas; que votre colère s'apaise

avant le coucher du soleil.» (4:26) Mais garder sa colère rentrée conduit au ressentiment, à la haine et à la vengeance.

Une expression saine de la colère est l'affirmation claire de ce que l'on ressent. Il convient de parler à la première personne, dire «je suis en colère», plutôt que «tu me mets en colère». En reconnaissant notre colère, nous en prenons la responsabilité plutôt que d'en incriminer les autres. Nous ne portons aucune accusation, ce qui permet aux personnes impliquées de discuter ensemble des situations et des comportements à l'origine de la colère.

10. *Ne pas jouer de jeu.* Jouer un jeu empêche le combat loyal. Par exemple, jouer au martyr. En réponse à une critique, l'intéressé s'écrie: «Je ne sais rien faire de bon!», ou «Je suppose que tout est de ma faute?» Une autre esquive courante consiste à feindre la faiblesse ou l'incapacité pour extorquer des faveurs. Certains membres de la famille aiment jouer à la victime («Pauvre de moi!» ou «Frappe-moi!») pour susciter la sympathie ou l'assistance.

11. *Ne pas se montrer passivement agressif.* Cette forme d'agressivité est la plus pernicieuse et la plus efficace pour saboter le combat loyal. Imaginez un dimanche matin où les parents pressent tout le monde pour que la famille ne soit pas en retard à l'église. Tout le monde est dans la voiture, sauf Michel. «Dépêche-toi, crie son père, sinon nous allons être en retard!» Michel s'avance vers la voiture le plus lentement possible, comme s'il traînait des semelles de plomb. C'est un exemple d'agressivité passive: nier la colère de quelqu'un en la provoquant de façon indirecte. Cette attitude rend toute résolution impossible et la colère continue d'être sournoisement provoquée. Celui ou celle qui se comporte ainsi exerce un réel contrôle sur la famille.

12. *Ne pas demander d'explications sur le comportement incriminé.* Demander aux autres de se justifier est improductif dans le combat loyal. Le plus souvent, les questions sont perçues comme des blâmes et les personnes interrogées incapables de donner une explication satisfaisante. Il est préférable de chercher une solution.

13. *Éviter l'invective.* Le plus sûr moyen de s'aliéner quelqu'un, et par là de détruire toute chance de discussion raison-

nable, est de lui coller des étiquettes ou des adjectifs tels que stupide, enfantin, idiot, gâté, vaniteux, etc. Coller de telles étiquettes, c'est enfermer les gens dans une boîte dont ils ne pourront plus sortir, c'est manquer de respect et ruiner les efforts visant à régler le conflit.

14. *Éviter les triangles*. Imaginons Catherine, treize ans, et son frère Charles, quinze ans,, en train de discuter à table. Catherine se tourne vers sa mère pour approbation: «N'est-ce pas, maman?» Elle essaye d'impliquer sa mère dans la discussion. Si cette dernière est avisée, elle ne s'y laissera pas prendre. Quand deux personnes discutent, elles essayent couramment de s'assurer le concours d'une tierce personne pour prendre le dessus. Dans certains foyers, cette pratique devient un art subtil qui rend les relations chaotiques.

Après avoir passé en revue les règles de base du combat loyal, la question se pose de savoir si les parents doivent s'affronter devant les enfants. Si vous posez cette question à un groupe de parents, il y aura différentes réponses. Certains maîtrisent leurs désaccords de sorte que les enfants n'entendent pas le moindre mot de conflit entre eux. D'autres discutent ouvertement même en présence de leurs enfants, qui risquent d'en être choqués.

Nous sommes d'avis que les enfants soient témoins du combat loyal de leurs parents. Ils apprendront à voir le conflit comme naturel en observant leurs parents discuter. Il est choquant et déstabilisant pour les enfants de voir leur père refuser le dialogue et quitter la maison en colère chaque fois qu'il est en désaccord avec leur mère. Ils risquent d'imiter ce comportement dans leurs propres conflits. Mais traiter ses différends à huis-clos risque aussi d'angoisser et de perturber les enfants, qui ont une perception intuitive du drame qui se joue quand les parents s'imposent le silence.

Nous avançons deux arguments en faveur de l'affrontement loyal des parents en présence de leurs enfants.

1. Les parents ont le devoir de s'engager dans un dialogue constructif de préférence aux chamailleries.

2. Certains sujets sont strictement personnels et ne seront pas partagés avec les enfants, comme les soucis d'argent, qu'ils risquent de mal comprendre, ou les conflits touchant à la

sexualité. Néanmoins, certains problèmes adultes sont abordables en famille, après avoir été réglés de façon satisfaisante. Par exemple, si les parents exposent clairement leurs difficultés financières, les enfants ne se feront plus de souci pour avoir mal compris, et cela leur permettra de contribuer à la solution des problèmes.

La gestion du conflit

Nous pensons que la gestion du conflit est l'approche la plus réaliste des désaccords familiaux. La vie de famille est trop complexe pour se définir en termes clairs de cause à effet, et le conflit appartient à tel point au système qu'il n'est pas à regarder comme un simple incident qui s'y produit et qu'il suffirait d'éliminer. Il retentit plutôt de façon récurrente sur le système comme ensemble, de sorte qu'il est plus réaliste de le voir comme un processus à gérer que comme une situation à régler.

Comme on le voit figure 2, il y a cinq styles principaux de gestion des conflits:

1. l'évitement, impliquant un faible degré de coopération et d'affirmation de soi, est privilégié par les fuyants;
2. le sacrifice, avec un haut degré de coopération et un faible degré d'affirmation de soi, caractérise les soumis;
3. la compétition, qui met en jeu un faible niveau de coopération et un haut niveau de coopération et d'affirmation de soi, est typique des gagnants;
4. la collaboration, nécessitant un haut degré de coopération et d'affirmation de soi, est caractéristique des participatifs;
5. le compromis, impliquant négociation, coopération et affirmation de soi, est utilisé par les «diplomates».

Notez que ces cinq styles sont théoriques. Dans la réalité, ils interviennent à n'importe quel point de la figure.

Chaque style comporte un niveau spécifique de souci de soi, des autres membres de la famille et des relations familiales: un faible degré de tout cela dans le cas de l'évitement; un haut degré de souci des autres, moindre des relations et peu de soi-même dans le cas du sacrifice; un haut degré de souci de soi, moins des relations et peu des autres dans le cas de la compétition; enfin, dans ceux du compromis et de la collaboration, un haut degré de souci des relations et, en conséquence, un équilibre entre le moi et les autres.

Figure 2. Styles de gestion des conflits

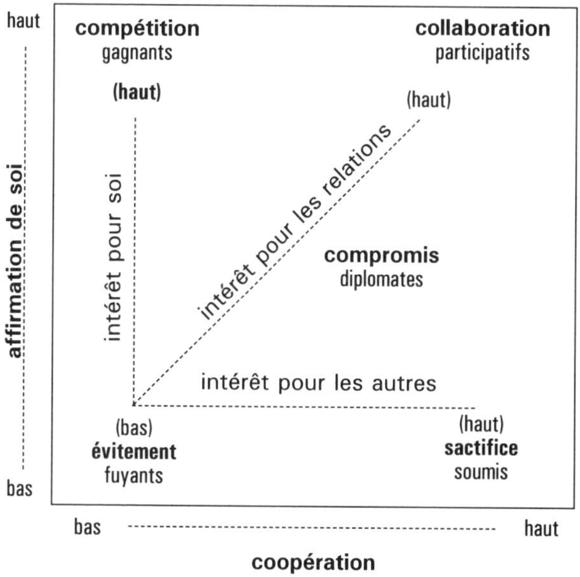

Une question se pose: les données de la figure 2 sont-elles en conformité avec la Bible pour la gestion des conflits ? Nous pensons qu'elles le sont, en particulier avec Ep 4:25-29.

Ces versets encouragent la franche affirmation de soi, l'expression du conflit entre les partenaires familiaux. Les chrétiens ne devraient ni se désister ni devenir agressifs. Le texte appelle à la confrontation dans le souci de soi, de l'autre et de la relation.

La collaboration est également présentée comme l'idéal pour les chrétiens: nous sommes invités à parler vrai, car nous sommes tous membres d'un même corps, et tous les membres s'unissent pour le bien de l'ensemble. Ainsi l'Ecriture souligne à la fois l'affirmation de soi et la coopération. Le meilleur moyen de traiter le conflit est le style coopératif avec un égal souci à l'égard de tous.

S'il est vrai que les différents styles de gestion des conflits s'accordent avec les vues bibliques, nous croyons également que des situations différentes appellent des styles différents. Il est erroné de prétendre qu'un style est supérieur à un autre. Il y a des moments pour l'évitement, d'autres pour la compétition, d'autres encore pour la complaisance ou la diplomatie.

Il y a dysfonctionnement familial quand un style prédomine ou qu'il est le seul moyen pour un individu de réagir à la situation conflictuelle. Par exemple, si le mari évite toujours, ou si la femme se sacrifie toujours, il sera très difficile de traiter le conflit ouvertement et efficacement.

Chaque style présente des avantages et des inconvénients, et se révèle plus ou moins adapté à la situation. En discutant chaque style, nous montrerons que Jésus les a tous incarnés.

Les fuyants. Bien que l'évitement n'ait pas été le style habituel de Jésus, il lui arriva de s'effacer. Quand il guérit l'homme à la main sèche le jour du sabbat, il se mit en colère contre les pharisiens qui complotaient pour le tuer. Il était sans aucun doute en mesure d'affronter les pharisiens, mais en prenant conscience du complot, il se retira de l'endroit. De même, les dernières heures avant son arrestation, il anticipa le conflit tout proche. Au Mont des oliviers, il dit à ses disciples: «Priez pour ne pas succomber à la tentation.» Puis il se retira à quelque distance pour prier.

Les membres de la famille préfèreront parfois éviter le conflit pour prendre un temps de réflexion ou si la colère devient trop forte pour permettre une solution. Au besoin on écartera des conflits mineurs pour s'occuper des choses les plus importantes. Cependant, l'évitement a des aspects destructeur, et celui ou celle qui évite le conflit est tenu de promettre d'y revenir pour rendre des comptes. À défaut de cette promesse, l'évitement révèle une personne peu disposée à résoudre le conflit.

Les gagnants. Jésus a quelquefois adopté l'attitude d'un gagnant. Mt 21:12-13 raconte: «Jésus entra dans le temple et chassa tous ceux qui vendaient ou qui achetaient à cet endroit; il renversa les tables des changeurs et les sièges des vendeurs de pigeons. Puis il leur dit: «Dans les Écritures Dieu déclare: On appellera ma maison maison de prière, mais vous vous en faites une caverne de voleurs.» Dans cette situation, il n'y eut ni complaisance, ni évitement, ni compromis: Jésus agit avec autorité et détermination, car la loi du Seigneur était violée.

Il arrive que la famille soit en désaccord sur ses principes de base et se sente assez forte pour survivre à la compétition. Le danger est ici que le réel problème se perde dans la bataille sur les principes, que le conflit dégénère en un affrontement personnel où chacun veuille gagner pour sauver la face. Une telle compétition aggrave le conflit au lieu de l'atténuer. À ce jeu, les gagnants emportent le point, mais compromettent la relation.

Les diplomates. Nous ne voyons pas Jésus en homme de compromis. Mais quand les pharisiens, pour le mettre à l'épreuve lui demandèrent s'il était juste de payer l'impôt à César, il répondit: «Donnez à César ce qui est à César, et à Dieu ce qui est à Dieu.»

Le compromis est le meilleur moyen de traiter un conflit quand le temps manque pour un effort collectif. Mais si on y a souvent recours, c'est trop facile et ça ne satisfait personne. Certains désaccords familiaux portant, par exemple, sur l'heure des repas, où partir en vacances, quels programmes de télévision regarder, appellent le compromis. Pour d'autres problèmes, c'est une mauvaise solution.

Les soumis. Dans la plus grande épreuve de sa vie terrestre, Jésus consentit à être arrêté, injustement accusé, puis crucifié. Mt 26:50 raconte: «Jésus lui répondit: Mon ami, ce que tu es venu faire, fais-le vite. Alors les autres s'approchèrent, mirent la main sur Jésus et l'arrêtèrent.» Le sacrifice est approprié lorsqu'un problème est beaucoup plus important pour un membre de la famille que pour les autres, ou que la relation est menacée. Il consiste également à faire passer les désirs d'un autre avant les siens. Mais s'il s'agit d'apparaître comme sacrifié, ou de renoncer par crainte d'être rejeté, c'est de la manipulation. Céder aux caprices de quelqu'un n'est pas recommandé non plus.

Les participatifs. Pendant son ministère, Jésus adoptait le style de la confrontation avec ceux qui, tels les scribes, les prêtres et les pharisiens, s'opposaient à lui; avec ceux qui le suivaient, tels ses disciples, il préférait le style de la coopération, de la concertation dans le temps.

Comme les relations familiales relèvent du long terme, la plupart des conflits familiaux se régleront au mieux par la coopération. L'avantage de ce style est d'apporter le maximum de satisfaction à tous, mais il exige beaucoup de temps et d'énergie; il permet à ceux qui s'expriment facilement de prendre l'avantage et aux aînés de manipuler les cadets.

En général, les systèmes familiaux bénéficient de la présence d'un participatif qui veille à ce que les conflits ne soient pas escamotés. Cette personne est souvent très active dans la recherche d'une solution et supporte mal que l'on ne coopère pas. Si elle n'a de cesse que le problème soit résolu, ou si elle y met trop d'insistance, il est à craindre qu'une rupture ne se produise, que les autres ne prennent leurs distances et que l'intimité n'en souffre.

Chaque style de traitement des conflits se révélera, à l'un ou l'autre moment, le plus approprié. Il est important qu'alors les membres de la famille ne s'enferment pas dans un style particulier, perdant ainsi la souplesse nécessaire pour trouver une solution créative.

Jusqu'ici, nous avons considéré les styles individuels, car les membres de la famille ont des façons différentes d'aborder les conflits. Mais le conflit familial est à comprendre dans une perspective systémique globale. Le mode de traitement d'un conflit est tout à fait différent dans une famille désengagée et dans une famille fusionnelle. Dans le premier cas, les liens entre les personnes sont si faibles qu'il n'y aura guère d'affrontement et que le conflit sera ignoré ou écarté. Dans le deuxième cas, au contraire, il est impossible que le conflit concerne deux personnes seulement: chacun y sera mêlé, à la différence d'une famille fonctionnelle jouissant d'un équilibre entre autonomie et dépendance.

Dans d'autres familles, les modèles de comportement et de communication sont fixés, c'est-à-dire qu'il y a peu de place pour la négociation, ou pour chercher une solution inventive. Le conflit sera donc traité dans le cadre existant par ceux qui détiennent le pouvoir.

Dans les familles dysfonctionnelles, le système est si peu structuré que la vie est une suite sans fin de négociations larvées et de réaménagements, et qu'il y a peu de possibilités, par manque de règles communes, de traiter correctement un conflit. Dans ces familles, c'est comme si chacun appliquait ses propres règles pour jouer sa propre partie.

En revanche, les systèmes familiaux relativement souples résoudront plus facilement les conflits, car ils ont à la fois la structure nécessaire et suffisamment de souplesse pour négocier.

Les familles qui ont tendance à l'évitement parviennent rarement à traiter leurs conflits. Celles qui pratiquent le style compétitif sont en meilleure posture, parce que au moins elles s'expriment. Enfin, si les familles enclines au sacrifice semblent le mieux se débrouiller, on observe cependant que nombre d'aspirations, d'opinions et de besoins y restent inexprimés.

Parfois, les exigences familiales se réalisent aux dépens des individus, et parfois c'est l'inverse. Ce sont les familles caractérisées par le compromis et la coopération qui parviennent le mieux à équilibrer les demandes individuelles et collectives. Ces familles fonctionnelles ont également les avantages combinés d'une structure souple et d'un réseau de communication efficace.

SIXIÈME PARTIE

La dynamique sociale de la vie de famille

Le pouvoir dans la famille, le stress et le divorce retiendront notre attention dans cette partie.

14

L'édification et le pouvoir dans la famille

Une des tendances les plus fortes de la nature humaine est la volonté de dominer autrui. C'est pourquoi on retrouve la dimension du pouvoir dans toutes les relations humaines. Notre désir de pouvoir est sans doute enraciné dans notre nature. Les structures organisées telles que les administrations et les écoles pratiquent un pouvoir clairement établi sous forme hiérarchique, tandis que dans les relations informelles et impersonnelles, il est plus flou et sans grande importance. Mais dans les relations familiales intimes, il existe un système de pouvoir opérationnel, même s'il n'a pas été formellement établi ou officiellement reconnu par la famille.

Le pouvoir est l'aptitude d'une personne à exercer une influence sur le comportement d'une autre. Bien comprise, l'aptitude à influencer ne se confond pas avec sa pratique effective. Il arrive que quelqu'un ait une grande influence et décide de ne pas en jouer directement. En fait, un tel individu n'a pas besoin d'agir pour être influent, car les autres ont le sentiment qu'il a leurs intérêts à cœur, et ils désirent son soutien et ses encouragements.

Depuis la naissance de l'humanité, il y a des luttes pour le pouvoir. La première fut la rébellion d'Adam et Ève contre Dieu. Caïn tua son frère Abel par jalousie. Ces luttes pour le pouvoir nous rappellent que nombre de relations conflictuelles résultent de la chute. La Genèse parle de la domination du mari sur sa femme, et de la femme accouchant dans la douleur. En outre, l'inimitié apparaît comme conséquence du péché. Ce que Dieu avait créé parfait se dégrada. Cependant, au long de l'Ancien comme du Nouveau Testament, on lit un message de restauration. Par la puissance de la résurrection du Christ et l'inspiration du Saint-Esprit, Dieu nous permet de mener une existence dévouée. Nous sommes appelés à édifier autrui.

Les types de pouvoir

L'autorité et la domination

S'il règne une grande confusion à propos du pouvoir dans la famille, c'est qu'il y a maintes façons de le concevoir. Une des plus importantes touche à sa légitimité: simplement dit, le pouvoir légitime est autorité, le pouvoir illégitime est domination. La personne dont le pouvoir est reconnu par la société possède l'autorité. Par exemple, la plupart des sociétés admettent le pouvoir des parents sur leurs enfants, jusqu'à ce que ceux-ci aient atteint la majorité, même si cet âge varie d'une société à l'autre.

En revanche, la domination est un pouvoir non reconnu par la société, pris sans consentement, donc illégitime. Par exemple, certains parents dépassent les limites du pouvoir légitime consenti par la société. Alors, la société les juge coupables de négligence ou d'abus et, du moins dans l'ordre idéal, leur retire l'exercice de ce pouvoir.

L'autorité s'appuie sur la reconnaissance sociale et la possession de ressources valables. En leur absence, une personne recourt à l'intimidation ou à la force pour exercer une influence.

Le modèle que nous avons à l'esprit est diamétralement opposé à cela. Aider les autres à se construire, à mettre leurs qualités en valeur, ainsi que leur rôle dans la relation, fait naître un respect réciproque. Les parents qui respectent leurs enfants ont une autorité légitime sur eux, tandis que ceux qui ne les respectent pas recourent souvent à la contrainte dominatrice.

Le pouvoir législatif et le pouvoir exécutif

Une autre classification consiste à distinguer le pouvoir législatif (décisionnel) et le pouvoir exécutif. Le premier implique de prendre des décisions et de déléguer des responsabilités aux autres. Le second implique d'appliquer ces décisions. Dans certaines familles dirigées par le mari, il semble que l'épouse détient l'essentiel du pouvoir et prend les décisions importantes. Cependant, il se peut aussi qu'elle exerce le pouvoir exécutif par délégation, son rôle et ses obligations ayant été décidés par son mari.

Certains ont beaucoup de pouvoir sans même le chercher, alors que d'autres se fatiguent pour en avoir, mais en vain. Par exemple, une simple demande suffit à certains parents pour être obéis, tandis que d'autres doivent élever la voix et multiplier les menaces.

Il faut comprendre le pouvoir dans une perspective systémique. L'individu qui prend les décisions importantes n'est pas nécessairement le plus puissant. Il y a parfois un pouvoir caché, ou une délégation tacite de pouvoir. Parfois, le cadet semble porter tout le système, ou les enfants s'unissent pour être plus forts que leurs parents. Ce sont des symptômes d'inefficacité familiale.

Il est important que les parents soient clairement responsables de la famille, sinon c'est le chaos. Dans les systèmes familiaux fonctionnels, les parents sont unis et exercent le pouvoir exécutif. Les parents célibataires doivent faire de même.

L'autorité parentale ne signifie pas exclure les enfants de la solution des problèmes et des prises de décision. Les parents bien inspirés sauront écouter et comprendre le point de vue de chacun. Ils assimileront ces points de vue de sorte que la famille entière collabore aux solutions et aux décisions.

Les principaux modèles de pouvoir familial

Il y en a quatre. Le modèle *patriarcal* a été dominant dans le passé. Mais après la Seconde Guerre mondiale, des changements sociaux tels que le travail des femmes en dehors de la maison, associés au développement des idéaux individualiste et démocratique, ont conduit au modèle d'*échange démocratique*. Le pouvoir dans la plupart des familles d'aujourd'hui est probablement une combinaison de ce dernier modèle avec le patriarcal. Le modèle *hédoniste* est le résultat logique du narcissisme, de l'individualisme forcené qui caractérise la société contemporaine. Le modèle de l'*édification réciproque* s'appuie sur les principes bibliques.

Le modèle patriarcal

Il est encore très présent dans la société contemporaine. Le pouvoir est assigné au mari à cause de sa position dans la famille. Les justifications idéologiques qui tentent de dépasser la tradition purement culturelle défendent habituellement le modèle patriarcal comme conforme à la volonté divine. L'homme se trouve en position de chef pour résoudre les différends familiaux.

Dans certaines versions extrêmes du modèle patriarcal, le mari possède un pouvoir dictatorial, il ordonne à sa femme et à ses enfants ce qui lui semble bon. Dans des versions tempérées par le christianisme, son «règne» est plus bienveillant. Dans les versions chrétiennes les plus autoritaires, le père vient directement après Dieu, la chaîne de commandement s'étendant à la mère et aux enfants. Ces derniers sont soumis à leurs père et mère, celle-ci à son mari et celui-ci à Dieu. Le concept de soumission réciproque, de même que le rôle du serviteur souffrant illustré par le Christ sont remarquablement absents. Dans des versions chrétiennes moins autoritaires du modèle patriarcal, le mari apparaît comme le maître de sa femme, comme Jésus est le chef de son Église; le mari exerce le rôle de serviteur souffrant à l'image du Christ. Cependant, il reste le maître dans sa maison, il lui incombe de prendre les décisions et d'assigner les responsabilités.

Le modèle d'échange démocratique

Ce modèle relativement récent est basé sur l'idée que le pouvoir réside dans la famille comme ensemble plutôt que sur celle de pouvoir attitré. La notion de pouvoir attribué à quelqu'un par sa position est rejetée. La politique familiale est déterminée par la négociation et le marchandage.

Le problème du pouvoir familial est beaucoup plus complexe dans l'échange démocratique que dans le modèle patriarcal. Dans le premier modèle, chacun est écouté et prend part aux décisions. Cependant, le pouvoir est encore déterminé par les ressources. Les types de ressources convertibles en pouvoir sont nombreux et divers, le plus évident étant économique. Sans ressources économiques personnelles, les enfants dépendent de leurs parents et ne sont pas en mesure de prendre des décisions liées à l'argent. Quand ils travaillent à l'extérieur, ils découvrent une indépendance nouvelle et acquièrent un certain pouvoir. Ainsi, une épouse qui reste à la maison a moins de pouvoir que son mari, unique soutien financier de la famille, alors que celle qui gagne sa vie gagne aussi en pouvoir de décision.

Les besoins des membres de la famille ne se limitent pas au domaine économique. Les ressources individuelles prennent, entres autres, la forme de soutien affectif et de protection. Certains couples sont égaux en pouvoir, non parce que chacun apporte la même contribution économique au mariage, mais parce que l'un des deux sait apporter à l'autre l'affection et l'assistance dont il a besoin. Si la famille valorise certaines qualités naturelles, comme l'aspect physique, le talent musical, des performances athlétiques, l'intelligence ou l'habileté manuelle, les enfants qui possèdent ou développent ces dons gagneront en pouvoir. En revanche, dans certaines familles dysfonctionnelles, le pouvoir peut revenir à un malade, ou au plus jeune, par un besoin systémique de détourner l'attention d'un problème grave. Par exemple, si la relation entre époux est malheureuse, parents et enfants se tournent vers l'un d'entre eux et lui remettent le pouvoir pour masquer ce problème. Chacun se rassure en oubliant la menace du divorce qui pèse sur la famille entière.

Le modèle hédoniste

Les valeurs individualistes et matérialistes de la société moderne ont conduit à l'hédonisme égocentrique. Dans la vie de famille comme dans la société de masse, chacun voit son intérêt. Les intérêts et les besoins personnels passent avant ceux de la collectivité.

Dans ces familles, il n'y a pas de chef déclaré, chacun aspire à l'autorité. La coopération est ponctuelle, les membres de la famille ne s'associent que dans un but personnellement intéressé. Ces foyers sont souvent anarchiques à cause de la séparation qu'entraîne la pensée individualiste, et désengagés, car il n'y a guère de contacts ni de soutien entre les différents acteurs.

L'édification réciproque

Notre dernier modèle est celui de l'édification réciproque. Il affirme que les plus forts ont pour tâche de fortifier les plus faibles. Bien que ce concept soit rarement pris en compte par la littérature sociologique, nous croyons qu'il est illustré par la famille chrétienne à son meilleur niveau.

La nature fondamentale de l'édification réciproque

Ce concept est en rapport avec la pratique du pouvoir. À ce sujet, la plupart des recherches ont considéré ce dernier comme visant à influencer ou à contrôler autrui, l'implication sous-jacente étant que ceux qui exercent une influence ne cherchent pas à accroître le potentiel de l'autre mais au contraire à maintenir leur prédominance. Nous ne nions pas que c'est presque toujours le cas, mais nous croyons que ceux qui adoptent le concept d'édification échappent à cette règle.

Rappelons que l'édification ne consiste ni à céder aux désirs de l'autre, ni à lui abandonner son pouvoir, mais à lui permettre d'en acquérir par des encouragements. C'est un processus interactif.

Nous distinguerons cinq types de pouvoir:

1. l'exploitation, ou l'influence par la force brute;

2. la manipulation, ou l'influence par des moyens socio-psychologiques détournés;

3. la compétition, ou l'influence basée sur la possession et l'utilisation de ressources personnelles.

4. l'éducation, ou l'influence de nature parentale;

5. l'intégration, ou l'utilisation d'un pouvoir personnel pour l'amour de quelqu'un. Ce dernier type est justement ce que nous appelons édification. Jésus et Gandhi l'ont pratiquée, Jésus en annonçant qu'il apportait la vie en abondance, et Gandhi en soutenant que la non-violence édifiait l'oppresseur autant que l'opprimé.

Le pouvoir apparaît comme la capacité de façonner l'identité d'autrui, de former l'image que cette personne aura d'elle-même et de lui imposer ses valeurs. Un moyen de développer cette image, ce n'est pas de dicter à cette personne qui être, mais de lui dire qui elle est.

L'idée que le pouvoir est en quantité limitée est fausse. La plupart des analyses de l'exercice du pouvoir s'appuient sur le concept d'unités de pouvoir chiffrées dans toute relation. Ainsi, dans la théorie de l'échange social par exemple, le mari et la femme se partagent cent unités. Si le premier a tout le pouvoir (100), la seconde n'en a aucun (0); ou si elle en a 60, lui en a 40.

Par l'idéal de l'édification, la Bible s'oppose à une telle conception en annonçant que le pouvoir de Dieu est à la disposition de tous les êtres humains en quantité illimitée. Le membre de la famille qui en aide un autre à gagner en pouvoir y gagne lui aussi.

L'édification réciproque dans les sociétés utopiques

Une assertion quasi unanime des études sociologiques est que les hommes utilisent le pouvoir dans le but de neutraliser et de contrôler leurs semblables, principalement au moyen des structures sociales. L'histoire humaine n'est qu'une longue domination, faite d'esprit de classe, de racisme et de sexisme.

La règle d'un groupe dominant semble de plus en plus justifiée et se transforme en idéologie. Le groupe dominé n'est plus considéré comme opprimé, mais soumis à la règle du plus fort à cause des différences d'aptitude. Tout projet de société utopique doit traiter le problème de l'inégalité. Il est notable que deux personnes qui sont à l'origine d'idéologies utopiques, Jésus-Christ et Karl Marx, ont incorporé la théorie de l'édification dans leur image d'une société idéale.

Ce que Jésus enseigna sur le pouvoir apparaît comme un modèle idéal pour toutes les relations humaines. À Jacques et Jean qui demandaient à être assis à sa gauche et à sa droite dans le ciel, il répondit: «Si l'un de vous veut être grand, il doit être votre serviteur, et si l'un de vous veut être le premier, il doit être l'esclave de tous.» (Mc 10:43-45) Par ses enseignements et sa vie, Jésus redéfinit le pouvoir: il n'est pas destiné à dominer autrui mais à le servir, à relever ceux qui sont tombés, pardonner, promouvoir la responsabilité, fortifier les faibles.

La relation de Jésus avec ses disciples est un parfait exemple d'édification qui se poursuivit bien au-delà de sa montée au ciel. Alors qu'il les préparait à son départ, il les réconforta en leur promettant que le Saint-Esprit les aiderait à accomplir leur ministère (Jn 16).

Il faut se souvenir du type de communauté que les disciples formaient après l'Ascension. Actes 2 :44-45 dit que tous les croyants étaient ensemble, qu'ils mettaient tout en commun, qu'ils avaient vendu tous leurs biens et donnaient à chacun selon ses besoins. Ils prirent donc très au sérieux le message de Jésus, abandonnant la possession de ressources sur laquelle se fondait le pouvoir conventionnel. Car Jésus avait donné l'exemple d'un pouvoir de service et non de contrôle.

Bien qu'il fût un ennemi juré de la religion, Marx, comme Jésus, jugea qu'une redéfinition radicale du pouvoir s'imposait. Il pensait que l'exercice traditionnel du pouvoir conduisait à une exploitation abusive à travers la propriété privée. Sa solution était étonnamment semblable à celle des premiers chrétiens: posséder tout en commun et donner à chacun selon ses besoins.

Marx estimait que dans une société basée sur la propriété privée, les gens cherchent à exercer le contrôle, tandis que dans une société utopique, ils utiliseraient le pouvoir pour s'entraider. Bien compris, le slogan «le pouvoir au peuple» implique de s'édifier réciproquement. Dans la vision de Marx, ce processus doit commencer au niveau du prolétariat par une prise de conscience progressive, et prendre fin à l'avènement d'une société sans classes.

Étant donné le système de compétition économique propre à notre société, il n'est pas étonnant que ce pouvoir dans la famille soit communément exercé comme un échange social centré sur l'individu. Cette perception du pouvoir est débilitante. Il serait temps de dépasser, autant que possible, dans le couple et dans la famille, les interprétations qui perpétuent les contraintes sociales actuelles.

L'édification et le rôle des sexes

En tant que groupe, les hommes sont moins portés à l'édification réciproque que les femmes. Cette différence fondamentale de personnalité entre hommes et femmes tient au fait que l'essentiel de l' «élevage» des enfants est assuré par ces dernières. Garçons et filles connaissent un parcours de maturation différencié. Alors que les uns et les autres commencent par être attachés à leur mère, les garçons doivent s'en détacher pour s'identifier à leur père, tandis que les filles ont la tâche plus facile: pour établir leur identité, il leur suffit de ressembler à leur mère.

À cause de ces liens étroits avec leur mère, la plupart des filles désirent devenir elles-mêmes «nourricières». Alors que les garçons, pour affirmer leur masculinité, doivent se détacher de leur mère, et comme nombre d'entre eux ne deviennent jamais proches de leur père, plus tard ils resteront sans doute assez distants de leurs propres enfants.

Hommes et femmes prennent des décisions morales sur des bases différentes. Alors que les hommes aiment la hiérarchie, les droits et l'autonomie, les femmes attachent plus d'importance à l'entourage et aux liens affectifs. Elles croient davantage que les problèmes se résolvent par la franche communication, tandis que les hommes se fient plutôt à la logique et aux règles abstraites pour prendre des décisions morales en toute sérénité. En fait, les femmes sont mieux préparées psychologiquement que les hommes à l'édification relationnelle. Ces derniers ont tendance à privilégier le pouvoir aux dépens de l'édification pour assurer la sécurité. Ils se sentent à l'aise au sommet d'une hiérarchie, les femmes au cœur d'un réseau de relations. Elles voient la vie fondée sur des liens affectifs, des interconnexions sociales et des activités altruistes. L'impératif moral des hommes est le respect des droits individuels, principalement le droit de s'épanouir. Ils sont enclins à utiliser le pouvoir pour contrôler plutôt que pour servir. Craignant d'être placés dans une position de dépendance, ils visent le maximum de pouvoir et, quand ils l'ont atteint, s'y accrochent comme à une ressource non renouvelable.

L'édification en famille

Nous croyons qu'il y a quelque chose de fondamentalement mauvais dans la façon habituelle d'exercer le pouvoir familial aujourd'hui. La théorie de l'échange social fut proposée à l'origine pour expliquer comment les membres de la famille exercent le pouvoir, le but étant de viser le maximum de satisfaction per-son-nelle au moindre coût. Cependant, cette théorie en est venue à représenter la façon idéale d'opérer pour la famille. C'est dommage, car utiliser le pouvoir pour contrôler est en définitive préjudiciable à tous.

Dans le mariage, le concept d'édification transcende le système de l'échange social qui est une approche régressive. Chaque couple arrive au mariage avec des ressources et des aptitudes comparables ou complémentaires. Dans une relation hédoniste, chaque partenaire veillera jalousement sur ses ressources personnelles, il essayera de gagner du pouvoir pour garder l'autre sous sa dépendance. Dans une relation d'édification, en revanche, le souci principal de chaque partenaire sera de soutenir et d'encourager l'autre à développer ses capacités.

Dans le système patriarcal traditionnel, le service était à attendre de la seule épouse, le mari occupant la position de maître. Pour se débarrasser de ce type d'oppression, notre société a trop souvent opté pour le mariage hédoniste, où chaque partenaire cherche à dominer et à être servi. Un changement plus radical s'impose: les époux sont appelés à se dévouer l'un à l'autre. Dans le cadre conjugal, l'échange est *direct* lorsqu'un des deux partage un don, des informations avec l'autre. Elle lui apprend à cuisiner, à lire une carte géographique ou à exprimer ses sentiments. Le but est de s'aider à dépasser les faiblesses qui entraînent la dépendance au partenaire ou dans quelque secteur de la vie sociale. L'échange est *indirect*, si le conjoint qui n'a pas les qualités requises pour édifier dans un domaine particulier encourage l'autre à s'y former.

On pourrait penser que l'édification dans le mariage amènera deux personnes avec des dons et des capacités différents à devenir le reflet l'une de l'autre. Ce serait une erreur, car Dieu dispense à chacun des dons différents. En outre, une qualité complémentaire de la relation est la possibilité d'apprécier et de mettre en valeur les dons du partenaire. Édifier ne signifie pas dupliquer réciproquement son potentiel, mais vouloir élever celui de l'autre et s'engager à ne pas le dominer.

Nous avons déjà évoqué au chapitre six l'édification des enfants par leurs parents, et nous conclurons juste par cette remarque : malgré leurs défaillances répétées, Dieu resta fidèle aux enfants d'Israël, donnant ainsi un parfait exemple d'édification parentale. Même après qu'ils l'aient ouvertement rejeté, leur Père céleste refusa d'être un parent autoritaire. Désirant au contraire que ses enfants atteignent la maturité spirituelle, Dieu fit preuve d'un amour constant à leur égard, dans l'espoir qu'un jour ils lui rendent pareillement son amour, que cet amour par alliance inconditionnelle devienne bilatéral.

15

Le stress et la souffrance dans la famille

N'importe quel groupe dont les membres ont des liens forts les uns avec les autres et évoluent ensemble est appelé à connaître le stress. La famille est de ceux-là. Le stress familial se définit simplement comme l'effet d'une perturbation dans la routine quotidienne, qui va de l'agacement contre quelqu'un qui arrive en retard aux repas à une crise majeure, comme la mort d'un membre de la famille. En outre des événements de même nature entraînent des réactions très différentes d'une famille à l'autre.

Des situations stressantes restées sans solution et s'accumulant auront un effet destructeur. On sait que de nombreux parents qui abusent de leurs enfants ont eux-mêmes été abusés dans leur enfance. Un tel comportement de la part d'adultes n'est pas excusable, mais il nous rappelle que les enfants souffrent des sentiments d'incompétence et d'impuissance que leurs parents n'ont pas surmontés.

Un modèle pour comprendre le stress familial

Les premières études portant sur le stress familial remontent à la Seconde Guerre mondiale, époque où de nombreux pères étaient séparés de leur famille. Trois facteurs interagissent dans ce cas:

1. l'événement stressant;
2. la force dont la famille dispose quand l'événement se produit;
3. la perception que la famille a de l'événement;

En un sens, l'événement est la cause nécessaire du stress familial, mais il ne suffit pas à le provoquer. En effet, dans certains cas, il n'y a pas de problème. Par exemple, quand le père est une source de tension à la maison, la séparation est perçue comme un événement positif. C'est particulièrement vrai quand une autre personne de la famille est capable de remplir les fonctions paternelles.

La plupart des modèles de stress familial font intervenir ces trois facteurs. On a également essayé de mieux comprendre les capacités de la famille à se sortir d'une situation stressante, c'est-à-dire ses capacités de rétablissement et ses ressources morales plutôt que la situation elle-même.

Les événements stressants

Au nombre des événements prévisibles (propres aux étapes transitoires de la vie de famille) sont les mariages, les naissances, ou l'adolescence, qui coïncide pour les parents avec la crise du milieu de la vie.

Parmi les événements imprévisibles, on trouve les accidents, les maladies, les décès, et les catastrophes naturelles (inondation, incendie...). Ces événements provoquent les crises les plus graves, car la famille est impuissante à y remédier. Elle a besoin d'aide extérieure.

On peut se poser les questions suivantes: ces événements stressants sont-ils des crises de maturation ou sont-ils liés à des circonstances, sont-ils habituels ou inhabituels, concernent-ils le développement de l'être humain ou l'environnement, sont-ils voulus ou non ? Ont-ils leur origine dans la famille ou en dehors? Sont-ils chroniques ou aigus? Ponctuels ou cumulés?

Deux chercheurs, Holmes et Rahe, ont établi une échelle de quarante-trois sources de stress notées de 0 à 100.

Tableau 4 **Les événements stressants** (Holmes et Rahe)

	niveau de stress
1. Décès du conjoint	100
2. Divorce	73
3. Séparation conjugale	65
4. Emprisonnement	63
5. Décès d'un proche parent	53
6. Maladie ou accident personnel grave	50
7. Mariage	47
8. Licenciement économique	45
9. Reprise de la vie commune	45
10. Début de la retraite	44
11. Changement grave dans la santé ou le comportement d'un proche	40
12. Grossesse	40

Remarquons que sur les douze éléments les plus stressants, huit concernent directement la vie de famille.

De toute évidence, pour la majorité des gens, le stress personnel trouve son origine dans la famille.

Une quantité d'incidents stressants ont un effet cumulé sur le système familial, surtout si la famille est incapable de traiter chacun d'entre eux quand il apparaît, ou si elle rechigne à le faire. L'irritation s'accumule, à partir de laquelle un incident mineur provoque une explosion brutale. Par exemple, un garçon de douze ans qui oublie à deux reprises en une semaine de sortir les poubelles et qui a l'habitude de laisser traîner ses affaires dans le salon, déchaîne la colère de ses parents en arrivant une heure en retard au repas du soir. Ou encore, une famille en difficulté financière réagira hors de proportion quand un enfant a un petit accident qui nécessite des soins médicaux.

Les ressources

La capacité d'une famille à surmonter le stress est directement liée à ses ressources. Certaines de ces ressources sont personnelles, en ce qu'elles appartiennent à telle ou telle personne de la famille. Par exemple, la capacité à gagner sa vie. L'éducation est une ressource qui permet d'accroître son prestige et sa confiance en soi. La maturité personnelle associée à une bonne éducation rend apte à résoudre des problèmes ou à établir des projets. La santé physique et mentale compte également beaucoup en période de stress, car elle apporte la force nécessaire pour traiter la situation, de même que l'estime de soi et l'esprit constructif.

Les ressources les plus importantes pour faire face au stress familial, cependant, sont celles qui appartiennent au système familial en lui-même. La capacité d'une famille à traiter le stress est étroitement liée à son niveau d'adaptabilité et de cohésion tels que nous les avons présentés au chapitre deux. Les systèmes familiaux fonctionnels sont structurés et souples à la fois. Les familles excessivement adaptables (chaotiques) ou inflexibles (rigides) sont mal préparées à gérer les événements stressants. De même pour les familles enchevêtrées ou désengagées. Les membres de familles enchevêtrées sont trop dépendants les uns des autres pour percevoir objectivement le problème et se soutenir mutuellement; ceux de familles désengagées sont trop distants pour apporter le soutien affectif et matériel nécessaire et pour agir comme un ensemble.

Une communication claire et ouverte est souvent une grande force, un atout important pour les familles en crise. Il faut l'apport de chacun pour résoudre le problème, ce qui implique une communication efficace. Certaines familles ne manquent pas de ressources mais les utilisent avec si peu de discernement qu'elles restent sans effet.

Un autre atout essentiel est représenté par les relations extérieures que la famille a constituées : amis, voisins, collègues de travail, église et groupes communautaires. La nécessité de disposer de telles ressources est une raison pour laquelle la stabilité géographique est aussi importante pour le système familial. Privée de ces ressources, la famille est particulièrement vulnérable.

Les réponses de la famille au stress

Il y a deux façons principales de réagir au stress: lutter contre lui et résoudre le problème. La littérature portant sur le premier type de réaction est plus directement liée au problème du stress familial, mais celle qui porte sur la résolution du problème est également utile, car elle conceptualise la réponse de la famille, qui se déroule par étapes.

Lutter contre le stress

Il s'agit de ce que font les membres de la famille de leurs moyens personnels pour lutter contre le stress. Le stress résulte de l'interaction entre l'événement, la façon de le percevoir et les ressources de la famille. Les chances de succès varient considérablement d'une famille à l'autre.

Une famille incapable de gérer le stress est en crise. Le premier pas consiste à rassembler toutes les ressources disponibles. Les stratégies de lutte passent par des actions visant directement à transformer les conditions stressantes, à repenser la situation dans son ensemble pour tenter de la tourner à son avantage. Prenons le cas d'une grand-mère âgée incapable de vivre seule. On la placera dans une maison de retraite ou on la prendra à la maison. Cette dernière solution risque d'être stressante pour la famille, mais aussi bien enrichissante pour tous. Imaginer pour grand-mère des façons de contribuer à la vie familiale, de même qu'aller au-devant de ses besoins personnels, tel est l'enjeu de la situation. Il y faudra de la souplesse. La présence de cette personne, initialement stressante, a une chance de devenir positive pour la famille entière.

Exemple d'un stress non géré: celui d'un mari frustré dans sa vie professionnelle, qui abuse de sa femme et provoque toutes sortes de perturbations dans le système familial. Ou encore: une famille semble faire face au stress, mais à quel prix? La mère est déprimée, le père surmené et un des enfants boulimique. Il y a dysfonctionnement. La gestion fonctionnelle du stress implique que simultanément le système familial et chaque membre de la famille, réussissent à affronter l'événement stressant.

La manière de gérer un stress varie en fonction de la culture et de l'appartenance ethnique, de la classe sociale et des étapes de l'évolution familiale. Les thérapeutes familiaux ont observé que les types de réaction, fonctionnels ou dysfonctionnels, se transmettent de génération en génération. La plupart de ces comportements s'appuient sur le modèle familial d'origine.

Il s'agit d'un processus complexe. En fait, la plupart de ses mécanismes sont susceptibles de devenir des facteurs secondaires de stress. Par exemple, lorsqu'une mère travaille à l'extérieur pour alléger les charges financières de la famille, le vide laissé à la maison par son absence peut engendrer une autre sorte de stress. Une stratégie pour gérer un stress entraînera parfois une réaction en chaîne affectant le système familial tout entier. Par exemple, quand les parents travaillant à l'extérieur laissent leurs enfants livrés à eux-mêmes après l'école, ceux-ci se comporteront mal pour attirer l'attention, de telle sorte que le système familial en sera encore plus perturbé.

Résoudre le problème

De nombreuses recherches ont été consacrées à la résolution des problèmes familiaux. Nous les résumons en cinq points:

1. *La famille prend conscience d'une situation qu'elle définit comme un problème.* Plus le bien-être familial est menacé,

plus la situation sera perçue comme problématique. Les ennuis les plus sérieux pour la famille en tant que «corps» seront soit des menaces extérieures qui mettent en cause ses capacités à protéger ses membres, soit des difficultés internes qui mettent en cause sa viabilité. Il est également vrai que plus un événement est soudain, plus il risque d'être perçu comme un problème. Ainsi, un conflit conjugal grave passera provisoirement après un souci immédiat, tel une fuite dans la salle de bain. Un autre facteur important: les familles qui se considèrent elles-mêmes comme capables de résoudre les problèmes perçoivent rapidement les situations dangereuses; celles qui doutent de leurs capacités tendent à nier la gravité de la situation.

2. *La famille décide de résoudre le problème.* Plus elle se croira capable de le faire, plus elle sera motivée.

Le stress est souvent le moteur de la décision, mais il a été observé qu'une famille est moins propre à agir quand le stress est faible ou très intense. Dans ce dernier cas, la réaction est un évitement défensif plus qu'une résolution constructive du problème : on a des oublis, des inattentions, on minimise la gravité des avertissements. En temps de crise, la famille, paniquée, aura peut-être besoin de quelqu'un de l'extérieur pour l'assister dans la résolution du problème.

Elle aura aussi davantage tendance à s'engager dans cette voie si le but est de corriger une situation négative, plutôt que d'améliorer une situation positive. Les parents, par exemple, assisteront volontiers à un séminaire sur la communication parents/enfants s'ils pensent réduire ainsi le stress dans les relations, mais non si le thème du séminaire est d'améliorer cette communication. Dans le même ordre d'idée, les couples sont réticents à consulter avant le mariage. La plupart ne cherchent conseil qu'une fois les difficultés conjugales apparues ! Etonnant mais vrai, les familles agissent davantage de façon constructive dans le négatif que dans le positif. D'où le fait que la relation d'aide aux familles est plus efficace lorsqu'elle se voue à résoudre un problème existant que lorsqu'elle cherche à éviter un problème potentiel.

3. *Après avoir rassemblé des informations en vue de résoudre un problème, la famille décide quelle sera, parmi les diverses options possibles, la meilleure pour y parvenir.* En général,

elle choisit celle qui présente le moins d'inconvénients, c'est-à-dire celle qui requiert le moins de temps, d'argent et d'efforts, donc pas nécessairement la meilleure possible. Une fois la solution trouvée, on ne cherche pas plus loin. Par exemple, si les parents d'un adolescent rebelle pensent que la solution est de lui consacrer plus de temps, ils cessent de considérer d'autres solutions directement liées au comportement problématique, comme revoir certaines règles ou changer de style parental.

4. *Une fois la solution mise en œuvre, la famille mesure son efficacité.* Elle décide si la stratégie adoptée sera poursuivie, revue, ou abandonnée en faveur d'une autre. Malheureusement, de nombreuses familles, impatientes, n'attendent pas que la solution porte ses fruits. Habituellement, pendant le processus de résolution du problème, le stress ne diminue pas mais augmente. Il faut être patient. Les études montrent que plus on investit d'énergie affective, de temps et d'argent, plus la situation difficile a de chances de trouver une solution.

5. Ou la famille adopte la solution, ou elle se demande à nouveau si oui ou non elle tente de résoudre le problème. Les familles coupées de la réalité sont incapables de percevoir si la difficulté est en voie de solution, alors que les familles fonctionnelles savent jauger la situation et apporter les ajustements nécessaires.

Assumer les drames

Une maladie grave, un décès, une catastrophe, sont des événements soudains, inattendus et menaçants, devant lesquels on éprouve un sentiment de totale impuissance. Ces drames diffèrent à de nombreux égards des autres événements stressants:

1. une famille n'a que peu ou pas de temps pour s'y préparer;
2. elle n'a généralement jamais rien vécu de semblable;
3. elle n'a guère de ressources pour contenir le stress qui en résulte;
4. peu de familles sont aptes à apporter leur aide pour avoir vécu la même expérience;
5. la famille risque de se trouver longtemps en état de crise;
6. elle éprouvera un vif sentiment d'impuissance et de perte de contrôle;

7. elle sera exposée à des troubles médicaux.

De nombreuses études ont été consacrées aux différents états émotionnels que traverse une famille en crise, particulièrement face à la mort. Le premier stade, celui du déni, est habituellement caractérisé par un état de choc. Les membres de la famille paraissent calmes et sereins, ils expriment des émotions quelque peu déplacées en la circonstance. Avant de passer au stade suivant, ils éprouvent des sentiments de solitude, de culpabilité et d'incompréhension.

En prenant conscience de ce qui s'est passé, ils passent au stade éprouvant de la colère. À un témoin extérieur, l'émotivité intense qui caractérise ce stade apparaît comme une régression, mais il s'agit en fait d'une évolution utile et salutaire.

Après l'ébullition émotionnelle du second stade, la famille atteint celui du marchandage. Elle n'est pas encore prête à accepter l'ampleur de la perte et cherche à l'atténuer. Par exemple, une famille qui a subi des revers financiers promet de donner davantage à l'église si Dieu restitue une partie des pertes. Mais quand elle réalise toute l'étendue de la catastrophe, elle sombre dans la dépression. La dépression prépare le dernier stade, celui de l'acceptation. Le passage de l'un à l'autre est appelé « angle de rétablissement ». Il est décrit comme une pente raide orientée vers une restauration émotionnelle rapide, ou comme une pente douce représentant un long processus de guérison. L'angle de rétablissement dépend des ressources dont la famille dispose.

Quand elle atteint le stade de l'acceptation, la famille n'est plus la même. L'accès à ce stade ne signifie pas que les émotions ressenties aux stades précédents ont disparu, mais qu'elles ne sont plus invalidantes. Fortifiée par cette épreuve, la famille aura davantage confiance en elle-même et pourra se tourner vers l'avenir.

Un drame peut toucher un membre de la famille ou la famille entière. Dans le premier cas, la famille doit le soutenir de toutes ses forces, mais ce serait une erreur de trop s'investir émotionnellement et d'aller jusqu'à se charger du problème qui est le sien. Ce serait également une erreur de trop en faire, comme si la victime était incapable de réagir. Elle a besoin avant tout de soutien et d'encouragements pour assumer elle-même cette épreuve.

Réagir par une colère excessive est également préjudiciable à la victime. Par exemple, quand la mère d'une jeune fille violée s'écrie: «Comment une chose pareille a-t-elle pu arriver à *ma* fille!», ou quand le père jure qu'il vengera son honneur *à lui.* Ces deux réactions sont égocentriques, elles n'expriment aucun souci à l'égard de la jeune fille, la vraie victime, qui ne reçoit pas l'aide dont elle a besoin. Il est important de respecter et d'assister chaque membre de la famille dans ses émotions, mais pas au détriment de la victime.

Quand une famille entière est frappée par une tragédie, ses membres se retrouvent en général soudés par l'expérience commune. Dans une telle situation chacun, en dépit de son état émotionnel, sent l'importance de soutenir les autres. La famille monoparentale est particulièrement vulnérable en la circonstance. C'est pourquoi il est aussi nécessaire que la communauté chrétienne se manifeste en temps de crise. Jésus a redéfini le concept de famille quand il a dit: «Voici ma mère et mes frères. Quiconque fait la volonté de Dieu, celui-là est mon frère, ma mère et ma sœur.» (Mc 3:34-35)

La famille dans la peine

Parfois, l'effet perturbateur d'un événement est ressenti si profondément par la famille que le terme de stress ne suffit pas à le décrire. Quand les membres de la famille ont été meurtris au fond de leur être, ils sont *dans la peine.* Cette peine, considérable, retentit sur la vie de la famille. Si on n'y prête pas attention, elle risque de se transmettre à la génération suivante de façon dramatique.

De même que les disciples demandaient pourquoi l'homme que Jésus s'apprêtait à guérir était né aveugle, les familles d'aujourd'hui se posent des questions à propos de leur douleur. Jésus répondit fermement que la cécité de l'homme n'était la conséquence du péché de personne. Il agit aussitôt en lui donnant la vue. Comme l'aveugle, nous avons besoin de Celui qui a seul le pouvoir de guérir nos plus profondes blessures; nous avons besoin de sa force pour compenser notre vulnérabilité; nous avons besoin de cette foi en Dieu qui donne sens et perspective à notre vie, et nous aide à dépasser la souffrance; nous avons besoin de sentir sa compassion et la lumière de sa présence dans nos heures les plus sombres.

En s'unissant, les membres de la famille supporteront les blessures profondes de la vie. Dans la première épître aux Corinthiens, l'apôtre Paul dit que tous les croyants sont membres du corps du Christ (12:26-27). Si un membre souffre, les autres souffrent avec lui. Cela se passe ainsi dans la famille humaine. Quand une personne souffre, la famille entière souffre. Notre fils Joël a une maladie chronique du foie. Chaque fois qu'il est hospitalisé, nous tous qui l'aimons sommes profondément touchés. La famille doit rassembler toutes ses forces dans les moments difficiles, mais veillera aussi aux faiblesses qui l'empêchent de faire ce qu'il faut pour celui ou celle qui souffre.

En plaçant le Christ au milieu d'eux, les membres de la famille entreprendront ensemble le travail qui leur permettra de recouvrer la plénitude:

1. Chacun devrait avoir le courage d'examiner ses sentiments, ses pensées et son comportement dans ces circonstances difficiles.
2. La famille devrait se demander honnêtement comment chacun agit, influence les autres, et comment elle se comporte en tant que groupe.
3. Chacun a le droit d'éprouver de la peine. Ses sentiments de colère, de tristesse, de crainte à cause de ce qui est arrivé doivent être acceptés et non niés.
4. Affectée par les événements, la famille trouvera la force de dépasser les drames passés pour se concentrer pleinement sur le présent.

Une famille aura la force de prendre la responsabilité de ses attitudes, une fois qu'elle aura lucidement compris comment les épreuves du passé ont contribué à la peine présente. Souvent, les membres de la famille verront que leur comportement raconte l'histoire des frustrations, des craintes et du ressentiment qu'ils essayent désespérément de surmonter. En temps voulu, une démarche de lâcher-prise complétera la guérison et conduira à des relations renouvelées. Lâcher-prise nous aide à vaincre l'amertume, la colère et la douleur.

La foi chrétienne en réponse au stress et à la souffrance

Notre perception des événements stressants et notre capacité à les surmonter sont profondément influencées par notre système de croyances. L'influence particulière que le christianisme a eue en la matière varie de la résignation passive à la confiance en soi pour tenter de maîtriser la souffrance. La vision fataliste est une interprétation abusive de l'enseignement de l'apôtre Paul selon laquelle les chrétiens devraient être satisfaits de leur situation quelle qu'elle soit (Ph 4:11). La plupart des versions occidentales du christianisme, en revanche, sont orientées vers l'action, insistant sur la responsabilité du croyant et sur sa capacité de lutter de toutes ses forces contre la situation qui le menace. Ces deux extrêmes reflètent la pensée narcissique propre à notre société et nient la légitimité du stress et de la souffrance dans la vie chrétienne.

Un exemple de la vision fataliste est la théologie de la pensée positive, apparentée à la conviction que tout individu est capable de se créer mentalement un monde parfait. La pensée positive est proche de la promesse d'une vie sans difficultés, mais cela est incompatible avec la réalité d'un monde marqué par le péché. Vivre dans un monde déchu, c'est faire l'expérience du stress et de la souffrance. Du fait de notre humanité, nous sommes capables de provoquer toutes sortes de situations pénibles pour nous-mêmes et pour les autres.

On ne devrait pas utiliser des slogans optimistes pour nier les turbulences bien réelles que traverse la famille. Cependant, appliquée à bon escient, la pensée positive atténue le stress et permet de garder les problèmes en perspective. Changer sa perception d'un événement douloureux est salutaire, si cela va de pair avec une prise de conscience réaliste des dommages que la crise inflige et des ressources dont la famille dispose pour réagir. Une telle approche rend la famille capable d'agir, en évitant le déni ou l'immobilisme.

À l'opposé, l'idée que le stress et la souffrance résultent d'un péché précis et qu'ils peuvent donc être guéris instantanément par une intervention divine n'est pas moins narcissique. En réalité, la plupart des événements ou des conditions qui plongent une famille dans la détresse, tels que l'alcoolisme, les troubles alimentaires, le chômage, les conflits entre parents et enfants, et la maladie, sont dus à des facteurs physiques, sociaux et psychologiques complexes. En général, ces conditions stressantes ont pour origine le fait de vivre dans un monde déchu. Mais se persuader qu'il suffit de lutter individuellement contre le péché pour en guérir, c'est mal comprendre la force du mal et le rôle joué par les structures sociales qui créent le stress et la souffrance dans le monde.

Certes, il nous faut lutter contre le péché dans notre vie pour venir à bout du stress et de la douleur, mais sans ignorer d'autres réalités telles que les dysfonctionnements familiaux, les systèmes économiques injustes, l'oppression de la pauvreté, etc. Nous adopterons une approche multiple qui tienne compte de la complexité des inquiétudes et des contraintes de la vie moderne. En avoir pris conscience nous gardera extrêmement prudents devant des promesses de guérison instantanée de l'homosexualité, des troubles alimentaires, de la toxicomanie, de l'alcoolisme, des maladies mentales ou psychiques, et des problèmes relationnels.

Dans notre société de pilules miracles, nous voulons être soulagés sur le champ de tout ce qui nous affecte. Une publicité pour de l'aspirine promet que «vous n'aurez pas le temps de souffrir». Il en faut plus pour vaincre le stress de la vie quotidienne. Pour devenir effectif, un processus de guérison doit croître dans le cœur du croyant. Ce processus qui implique une croissance dans la foi et dans la relation avec Dieu et avec les autres, exige généralement beaucoup de temps.

Penser que les chrétiens sont à l'abri du stress et de la douleur n'est pas seulement irréaliste, c'est théologiquement faux. Il y a de nombreux exemples dans les Écritures où le désastre atteint aussi bien les justes que les méchants. Il suffit de lire la vie de Job. La guérison instantanée n'est pas la norme. On estime que Job fut malade pendant quarante ans. Ce qui nous est garanti, c'est la compassion de Dieu en toute circonstance. Il est auprès de nous par le corps du Christ et le pouvoir du Saint-Esprit.

Les deux réponses au stress que nous avons examinées conduisent respectivement à une théologie de l'évitement, où les chrétiens refusent d'affronter la crise, et à une théologie activiste, où les chrétiens tendent à l'autosuffisance au point de considérer Dieu comme un simple spectateur. Quelle est la réponse biblique? Les Écritures ne demandent pas aux chrétiens de se résigner à la fatalité. Par exemple, lorsque l'apôtre

Paul fut arrêté, il fit valoir sa qualité de citoyen romain. La vie de David présente un équilibre entre activisme et passivité, parfaitement illustré par son combat contre Goliath. Sachant que sans l'intervention de Dieu il n'avait aucune chance, David s'équipa néanmoins d'une fronde et de pierres.

Il en est de même pour Jésus. À l'approche de son arrestation, de son procès et de sa crucifixion, il commença à ressentir de la frayeur et de l'angoisse. «Mon cœur est plein d'une tristesse mortelle», dit-il (Mc 14:34). C'était pourtant le même Jésus qui avait chassé les marchands du Temple, stigmatisé l'hypocrisie des pharisiens, agi maintes fois avec une étonnante autorité.

Les chrétiens doivent être capables de réagir au stress et à la souffrance, qui sont inévitables dans ce monde soumis à la Chute. Ces épreuves sont plus que jamais l'occasion de se rapprocher de Dieu et d'autrui. Bien que Dieu n'ait pas promis de nous éviter l'épreuve, il a promis d'être un refuge au temps de la détresse (Ps 37:39).

Le stress vient parfois ébranler violemment la sérénité familiale. Pour les chrétiens, c'est également une chance de grandir dans la foi et d'expérimenter une intimité plus grande entre les membres de la famille. En état de faiblesse, ils sont plus sensibles à l'amour et au soutien des autres. Il est essentiel, dans l'adversité, de choisir la direction qui, avec l'aide de Dieu, permettra de progresser dans l'engagement, l'intimité et l'édification réciproque.

16

Le divorce et le remariage

La famille est étonnamment résistante. Soumise à des pressions extérieures ou à d'intenses conflits internes, elle continue de fonctionner comme si elle était pourvue d'un mécanisme de survie intégré. C'est parce qu'elle assure les besoins vitaux de ceux qui la composent. Vue de l'extérieur, une famille donnée apparaîtra peut-être comme un milieu de vie médiocre, mais pour ses membres elle représente la seule sécurité, la seule identité qu'ils possèdent au monde.

Dans certaines d'entre elles, cependant, un jour arrive où la vie ensemble n'est plus supportable. Cela se produit habituellement après une période où tous jurent qu'il n'y a aucun problème, où ils continuent à parler les uns des autres en termes totalement irréalistes. Ce mécanisme de défense détourne pour un temps le conflit dévastateur, mais il a en fin de compte un effet néfaste en ce qu'il empêche la famille d'instaurer les changements nécessaires.

Nous avons déjà souligné que la vie de famille est un processus dynamique, et qu'une famille doit constamment s'adapter pour satisfaire aux besoins de ses membres. Mais si un mari ou une épouse, ou les deux, en viennent à penser que leur mariage n'offre plus la sécurité, ou qu'il est impossible de pourvoir aux besoins fondamentaux de chacun, le couple est en voie de dissolution.

Le divorce

Le nombre de divorces est plus élevé aujourd'hui que jamais auparavant[1].

Bien qu'il n'existe pas de formule pour prédire le succès d'un mariage, certaines corrélations ont été établies, faisant intervenir des facteurs tels que la formation, l'âge, l'appartenance ethnique et la religion. Ainsi, le nombre de divorces est faible parmi les gens peu formés, nettement plus élevé parmi les gens qui ont fait de longues études.

Ceux qui se marient avant vingt ans sont davantage exposés au divorce. Différents facteurs interviennent ici. Ceux qui se marient jeunes sont plutôt d'une classe économiquement et socialement inférieure, d'où le risque de difficultés financières; ils se marient après des fiançailles très courtes, et souvent à cause d'une grossesse. Étant donné leur immaturité, la plupart de ces jeunes ne sont pas du tout préparés à une relation aussi exigeante que le mariage. L'inadaptation, l'infidélité, la mésentente et le manque de solidarité sont les principaux facteurs qui les conduisent au divorce[2].

En deuxième position, les mariages les plus instables concernent ceux qui se marient après trente ans. Ici, les griefs les plus courants sont le manque de compréhension et la tendance à dominer ou à critiquer. Ceux qui se marient tard ont souvent des points de vue arrêtés qui rendent l'adaptation aux attentes du conjoint difficile. D'autre part, les mariages qui se nouent vers vingt-cinq ans tendent à plus de stabilité.

En termes de différences ethniques, le taux de divorce est élevé parmi les Noirs, moyen parmi les Blancs, et faible parmi les autres ethnies, particulièrement celles d'Extrême-Orient. En termes de religion, le taux des divorces est faible chez les juifs, moyen chez les catholiques, et plus élevé chez les protestants. Enfin, les mariages hétérogènes sont plus exposés au divorce que les mariages homogènes. Donc le divorce est plus probable

1. En France, il atteint un mariage sur trois en province, un sur deux à Paris (N.d.E.).

2. Sur ce thème, lire *Vivre heureux en couple, gérer les conflits de la vie quotidienne*, Jacques et Claire Poujol, Empreinte Temps Présent, 1999.

dans certaines tranches d'âge, ou quand il y a différence d'origine religieuse, ethnique ou sociale.

Les causes du divorce

Les causes du divorce sont multiples, complexes et interactives. Certaines sont en rapport avec les tempéraments personnels, d'autres avec des facteurs sociaux et culturels comme ceux que nous venons de citer. Plus la qualité du mariage est médiocre, plus la probabilité de divorce est grande. L'absence des conditions requises pour un mariage solide, soutien familial, différenciation et adaptabilité (voir ch. 4), sont des causes indirectes de divorce.

On observe plus de cas de divorce parmi les parents d'enfants malades ou handicapés que parmi les parents d'enfants sains.

Il y a d'autres explications au divorce, comme le déclin des barrières qui, traditionnellement, dissuadaient les gens d'y recourir:

1. Les normes religieuses se sont assouplies pour permettre le divorce de couples en difficulté.
2. Les pressions sociales contre le divorce ont diminué, au profit de la tolérance.
3. La libéralisation des lois sur le divorce a facilité son accès.
4. La fréquentation des hommes et des femmes dans la vie professionnelle favorise le changement de partenaire.
5. La redéfinition du rôle des sexes a eu pour effet que les épouses sont moins dépendantes financièrement de leur mari, et ceux-ci affectivement moins dépendants de leur épouse.

Il est impossible de dresser une liste exhaustive des causes de divorce. Elles sont très nombreuses, certaines directes, d'autres indirectes, conscientes ou inconscientes, personnelles ou sociales, derrière chaque divorce. Les conditions de vie actuelles ont particulièrement contribué à en élever le taux (voir ch. 17): les tendances individualistes, la perte d'une basc communautaire pour soutenir la vie de famille, le déclin du concept de l'engagement par alliance, et l'émergence du matérialisme comme valeur dominante.

Le processus du divorce

Du point de vue légal, la fin d'un mariage est enregistrée à une date précise, mais elle s'étend généralement sur plusieurs années. À la fois public et privé, le divorce est une épreuve douloureuse, la mort critique d'une relation.

Il comprend généralement quatre phases. La première se situe avant la séparation. Caractérisée par l'érosion de l'amour, elle comporte déni, colère, désillusion et marchandage. La deuxième, au moment même de la séparation, est marquée elle aussi par la colère, et par la dépression, l'ambivalence, la culpabilité et le regret. La troisième, entre la séparation et le divorce légal, comporte les mises au point financières, le deuil des illusions, les arrangements pour la garde des enfants, et le début d'une vie nouvelle. La dernière phase du processus du divorce est la période de réadaptation, comportant des activités et des projets nouveaux. C'est également une période de rétablissement où l'on se construit une vie stable.

Les émotions ressenties au long de ces différentes phases ressemblent à celles du deuil[1]. C'est un temps particulièrement éprouvant parce que, malgré la mort du mariage, les époux sont encore en vie et continuent de se rencontrer à propos des enfants. Tous deux souffrent, l'homme généralement davantage sur le plan psychologique et la femme sur le plan financier.

L'effet du divorce sur les enfants

Plusieurs recherches suggèrent que les enfants se trouvent mieux dans un foyer monoparental heureux qu'avec leurs deux parents malheureux et en conflit. Il y a moins de maladies psychosomatiques, moins de délinquance, et de meilleures relations avec les parents dans la première situation que dans la seconde. Dans ce cas, le divorce peut avoir écarté un père ou une mère inapte ou de mauvaise volonté, voire source de désordres dans la famille. Son absence aura sans doute créé un meilleur climat pour l'enfant.

Cependant les enfants ont parfois des difficultés à vivre la première année suivant le divorce, difficultés qui se traduisent

1. Voir *Le divorce, impasse ou dépassement*, Jacques et Claire Poujol, Empreinte Temps Présent, 1990.

par des comportements aberrants ou des problèmes psychologiques. Les filles récupèrent souvent au cours de la deuxième année, mais les garçons ont parfois des difficultés d'adaptation pendant toute leur adolescence, surtout lorsqu'ils vivent avec leur mère. Garçons et filles sont plutôt réticents à l'apparition d'un beau-père mais, avec le temps, celui-ci gagnera leur affection s'il se garde de vouloir leur imposer l'obéissance et s'efforce de construire une relation avec eux. Les garçons s'ouvrent plus facilement à un beau-père, tandis que les filles résistent à son intrusion dans la relation mère-fille. En outre, les adolescentes filles de divorcés éprouvent des difficultés à établir des relations avec les hommes, même lorsqu'elles désirent et recherchent leur attention.

Les adolescents de foyers dont le père est absent manifestent une dépendance à l'environnement plus forte que les autres. Ils tendent à adopter le rôle de la mère et peinent à réaliser leur identité masculine.

Il faudrait rechercher sous quelles conditions le divorce, s'il doit se produire, est le moins néfaste. À cet égard, on a observé que les enfants s'y adaptent mieux quand les parents discutent l'éventualité du divorce avant d'y venir et continuent à en parler après qu'il s'est produit. De plus, moins il y a d'hostilité entre les parents, mieux les enfants s'adaptent. Les parents divorcés qui entretiennent une relation de respect et d'estime, et qui continuent à aimer et à soutenir leurs enfants, atténuent ainsi les effets dévastateurs de la séparation.

La façon d'assurer le rôle parental dans la garde des enfants détermine la qualité de leur adaptation. Dans plus de 8 cas sur 10, la garde des enfants est attribuée à la mère. Il est vital que le parent qui n'a pas obtenu la garde voie régulièrement ses enfants. Or seul un enfant sur deux voit son père si celui-ci n'a pas sa garde. L'ordre, l'organisation, la stabilité dans la vie quotidienne contribuent également à l'adaptation, de même que la qualité de communication entre les parents après le divorce.

Les familles monoparentales

Il y a plus de familles monoparentales actuellement que jamais auparavant, avec une très large majorité de ces situations assurées par les femmes. La plus grande difficulté rencontrée par ces femmes est d'ordre financier.

La deuxième difficulté qu'elles rencontrent est le manque de temps pour concilier travail, éducation, tâches ménagères et vie personnelle. Privé d'un partenaire qui partage les responsabilités parentales, le parent isolé se sent seul et débordé. Les enfants manquent d'attentions et de moyens financiers.

Un autre problème: le parent qui n'en a pas la garde consacre peu de temps à ses enfants, de moins en moins au long des années. Ainsi, le père voit ses jeunes enfants une fois par semaine, et beaucoup plus rarement lorsqu'ils sont scolarisés, le plus souvent à cause d'une nouvelle liaison.

Malgré le manque de temps et d'argent, nombre de familles monoparentales fonctionnent correctement, surtout quand l'autre parent continue à s'intéresser aux enfants.

Des études démontrent que:

1. L'environnement d'une famille monoparentale a des chances d'être moins préjudiciable à l'enfant que celui qui précédait la rupture.

2. L'événement générateur de la famille monoparentale, c'est-à-dire le divorce lui-même, a souvent un effet plus destructeur sur les enfants que la situation en elle-même.

3. Il n'y a pas de relation causale démontrée entre le fait de grandir dans une famille monoparentale et des problèmes précis observés chez des enfants.

Le rôle de parent isolé est difficile, parce qu'une seule personne ne peut faire ce que Dieu avait prévu pour deux. Parce que les familles monoparentales reçoivent moins de soutien de la communauté que les familles «au complet», les chrétiens ont une occasion rêvée de combler cette lacune. Les couples mariés reverront certaines de leurs activités sociales de façon à y intégrer les parents isolés; de même, les enfants de familles monoparentales seront associés aux activités sociales et récréatives.

Le remariage

Quatre-vingt pour cent des divorcés se remarient. En général, plus la personne divorcée est jeune, plus il est probable qu'elle se remarie.

Contrairement à l'opinion courante, plus une femme divorcée a d'enfants, plus il y a de chances qu'elle se remarie, et rapidement, du moins si elle a moins de 40 ans. Une femme divorcée avec des enfants ne peut s'offrir le luxe de choisir soigneusement un nouvel époux que si elle dispose de ressources confortables. C'est surtout le cas lorsque l'ex-mari ne paye pas la pension, ou que la Justice a mal jugé de la situation.

Le niveau d'études affecte différemment les probabilités de remariage de l'homme et de la femme. Pour les femmes, la probabilité de remariage est plus élevée chez les moins diplômées que chez les plus diplômées, alors que c'est l'inverse pour les hommes. Par ailleurs les femmes dont les revenus sont élevés peuvent se permettre de ne pas se remarier. Celles dont les revenus sont bas sont souvent obligées de se remarier.

Les hommes diplômés se remarient généralement avec des femmes plus jeunes qu'eux, alors que les femmes diplômées ont des difficultés à trouver un homme de leur âge et de niveau d'études similaire pour se remarier. En conséquence, certaines d'entre elles épousent un homme plus jeune qu'elles, ou de niveau d'études inférieur. Ces femmes s'intéressent particulièrement à des hommes nourriciers, tendres et capables d'exprimer leurs émotions.

La famille recomposée

Les enjeux

Une famille recomposée ou «famille mosaïque» se définit comme «tout remariage qui comprend au moins un enfant d'un précédent mariage». Ces familles sont sollicitées dans trois domaines principaux: l'ambiguïté de statut, les enfants, et l'argent.

L'ambiguïté de statut. Les frontières des familles recomposées sont moins marquées et plus perméables, parce que nombre d'expériences, de symboles et d'habitudes communs leur font défaut. Le fait que l'autorité parentale et les charges financières sont partagées par deux ménages peuvent créer des camps opposés.

Les membres d'une famille recomposée ont parfois du mal à déterminer la relation exacte existant entre eux et leur nouvelle famille, à cause du manque de règles clairement définies en matière d'argent, de sexualité, de vie en société. Les enfants sont quelquefois désemparés de vivre avec une belle-mère ou un beau-père, alors que leur mère ou leur père biologique vit ailleurs. En outre, ils croient parfois qu'une précédente épouse et son mari actuel (ou un précédent mari et son épouse actuelle) font partie de la famille élargie. Il y a aussi ambiguïté dans la relation avec des membres de la famille tels que les grands-parents des enfants, avec lesquels des liens étroits se sont parfois développés.

Même si les membres d'une famille recomposée aspirent à se débarrasser de l'ambiguïté, c'est une condition qu'ils devront accepter dans leur vie. Les enfants feront l'expérience d'une tension entre la loyauté à l'égard de leurs parents naturels et de leurs beaux-parents. Les beaux-parents qui ne vivent plus avec les enfants de leur premier mariage connaîtront également des problèmes de loyauté: la culpabilité les portera à être meilleurs parents dans la nouvelle famille, et leur investissement excessif risque de compromettre leur relation avec les enfants de leur conjoint.

Les enfants. D'après les observations, les filles s'adaptent mieux au divorce quand leur mère s'occupe d'elles, et les garçons si c'est leur père. Les filles à la garde de leur père et les garçons à la garde de leur mère profitent du remariage, le développement social des filles s'améliorant avec l'arrivée d'une belle-mère, et celui des garçons avec celle d'un beau-père. De plus, étant donné le rôle central de la mère dans la vie de famille, les enfants d'un précédent mari reçoivent moins d'égards que ceux d'une précédente épouse.

Dans la majorité des cas, c'est la mère qui amène ses enfants dans la famille recomposée. La relation problématique concerne donc habituellement le beau-père et les enfants de son épouse. Les beaux-pères sont ou très engagés auprès de leurs enfants par alliance, ou tout à fait détachés d'eux. Une étude a montré que les enfants vivant avec un beau-père sont aussi heureux et performants que ceux qui vivent avec leur père biologique; une autre étude que les enfants ayant un beau-père vont mieux que ceux qui vivent sans père.

Une source de difficultés dans ce type de relation, ce sont les attentes optimistes des beaux-parents: «Nous nous aimerons tous les uns les autres et nous partagerons tout équitablement.» Autre source de difficultés: les enfants sont plus indulgents à l'égard des erreurs commises par leurs parents naturels que par les beaux-parents. La société conditionne les enfants à ne croire qu'en leurs parents. En conséquence, ils entrent dans une famille recomposée avec des sentiments de suspicion, d'extrême méfiance et de rancœur. Même la littérature pour enfants, avec son personnage de méchante belle-mère, ajoute encore à la difficulté. Les beaux-parents essayent sincèrement d'être affectueux avec les enfants de leur époux, puis adoptent une position plus réservée quand ils sont repoussés. Les beaux-parents s'armeront de patience et résisteront à la tentation de vouloir remplacer le parent naturel, qui est toujours le plus gentil et le plus fort aux yeux de l'enfant. Espérer que tout le monde s'aime d'un seul coup, c'est manquer de réalisme. L'important, c'est d'apprendre à vivre ensemble.

L'argent. Les précédents mariages sont souvent source de problèmes financiers pour la famille recomposée, principalement la pension alimentaire. Quand elle n'arrive pas, ou quand l'argent gagné par le nouveau conjoint va à ses enfants biologiques, des ressentiments apparaissent. Mieux vaut mûrement réfléchir avant de se remarier, si le partenaire a des obligations financières au sujet desquelles il ne s'explique pas clairement.

Les stratégies et les récompenses pour la famille recomposée

C'est déjà difficile, à l'heure actuelle, de trouver le temps de s'asseoir autour de la table simplement pour manger ensemble. Que dire alors des efforts que doit faire une famille recomposée pour éviter les dégâts: il lui faut beaucoup de souplesse et d'ouverture pour satisfaire aux besoins des uns et des autres, et des stratégies spéciales pour prendre en charge des personnalités diverses, entretenir des relations avec les familles élargies, s'occuper des vacances, des fêtes familiales, des projets communs, naviguer entre deux foyers, et s'engager réciproquement. L'enjeu est considérable, mais contribuer à l'harmonie familiale donnera à chacun une formidable leçon de tolérance. Apprendre à mettre en œuvre les concepts et les principes proposés dans ce livre, - édification, acceptation, grâce, intimité, loyauté - permettra de grandir personnellement. Mettre les intérêts des autres en balance avec les siens propres et se soucier d'eux autant que de soi-même formera le caractère.

Voici quelques points stratégiques qui apporteront des chances de réussite:

1. Ménager des frontières suffisamment perméables autour du foyer pour que les enfants s'y sentent d'emblée à l'aise.

2. Soutenir le nouveau conjoint dans ses tâches parentales d'éducation et de discipline.

3. Renforcer le nouveau couple par des activités soigneusement préparées; établir des distances et des limites appropriées, afin que les enfants respectent la relation conjugale.

4. Garder le système entier présent à l'esprit (les familles élargies); un beau-parent avisé se souviendra que le lien biologique parent/enfant prend le pas sur le lien conjugal.

On prendra aussi quelques précautions:

1. Les rôles traditionnels des sexes contraignent souvent les nouveaux beaux-parents. Si le beau-père assure seul le respect de la discipline, les enfants le verront comme un gendarme plutôt que comme un ami. Une belle-mère en charge exclusive des relations sera ressentie et classée comme la méchante belle-mère qui prend possession du foyer.

2. Les adolescents ont besoin de liberté pour affirmer leur personnalité à l'extérieur; les beaux-parents ne prendront pas ce comportement comme étant hostile à leur égard. C'est un stade normal du développement.

3. On permettra aux enfants de faire le deuil de leur famille originelle et de regretter d'avoir été incapables de sauver le mariage de leurs parents.

4. Les liens familiaux évoluent lentement. Il faudra beaucoup de temps pour que de vraies relations s'établissent dans la famille recomposée.

5. La relation du couple est le lien le plus fragile dans la famille recomposée. C'est pourquoi on la renforcera par tous les moyens qui se présenteront.

La récompense est grande quand une telle famille est capable d'établir de vraies relations, de réaliser des projets en commun et de vivre ensemble une vie spirituelle. Il appartient à l'église de trouver des façons de soutenir autant que possible cette nouvelle famille.

Une approche chrétienne du divorce et du remariage

Traditionnellement, le divorce et le remariage ne sont pas considérés comme relevant de la vie de famille. Mais comme ils deviennent de plus en plus fréquents, les chrétiens doivent avoir une attitude claire à l'égard de ce phénomène social.

Tout au long de ce livre, nous avons souligné que le mariage s'appuie sur une alliance réciproque. Quand deux personnes se marient, Dieu entend que la relation entre elles soit un engagement bilatéral inconditionnel. Son désir est que l'engagement par alliance conduise à une relation dans laquelle la grâce abonde. Les deux partenaires pardonneront et seront pardonnés quand leurs faiblesses les empêcheront de devenir ce qu'ils devraient être. Nous avons décrit l'atmosphère de grâce et d'amour qui porte les partenaires à se soutenir et à s'élever mutuellement par leur force et leurs dons respectifs.

Cet idéal chrétien est une noble aspiration qui, par la grâce de Dieu, se réalisera partiellement. Mais nous n'ignorons pas qu'il n'y a personne d'assez parfait pour le réaliser pleinement. Les couples sont formés de deux personnes qui dans une certaine mesure se décevront. Tous les couples lutteront pour maintenir leur couple. Certains trouveront la force d'éviter la rupture. La relation d'aide est un moyen d'amener un couple à l'apaisement de ses conflits et de sauver son union. Mais pour d'autres, le mal est irrémédiable. Au lieu de s'édifier et d'approfondir leur intimité, ils s'éloignent de plus en plus l'un de l'autre dans une relation de plus en plus agressive.

L'ultime raison à l'échec des relations est le péché et, dans une certaine mesure, le divorce est un problème spirituel. Mais les chrétiens se garderont du simplisme qui consiste à brandir la dimension spirituelle chaque fois que leur couple rencontre des difficultés. Cette approche ignore la complexité sociale et psychologique des êtres humains. Il y a un réseau inextricable de facteurs qui déterminent le choix que deux personnes font l'une de l'autre, de même que la réussite ou la dégradation de leur relation.

Dieu désire la permanence du mariage, et les couples chrétiens feront tout pour l'honorer. Cependant, un concours de circonstances sociales et psychologiques empêche certains d'accomplir cet idéal; ils constatent que leurs conflits détruisent non seulement ce qui reste de la relation, mais encore leur propre personnalité, et ils ne voient pas d'autre solution que le divorce. À leurs yeux, comme aux yeux de la communauté chrétienne, le mariage a échoué. La question est alors: comment nous chrétiens appliquons-nous notre théologie des relations à ces couples et à ces familles qui traversent l'épreuve du divorce?

Admettons tout d'abord que nul d'entre nous n'échappe à l'échec en quelque domaine de sa vie. Les gens auraient le droit d'échouer en affaires, dans leurs études, dans leur carrière, mais pas dans le mariage ? Il n'y aurait pas d'excuse possible à cet échec-là ?

Jésus n'a pas condamné la Samaritaine pour ses multiples échecs conjugaux, il lui a offert le salut. Refuser le pardon, l'amour et la compassion par légalisme est inadmissible.

Chaque fois que Jésus parle du mariage (Mt 5:31-32; 19:3-9; Mc 10:2-12; Lc 16:18), il indique clairement que le mariage vient du Seigneur et qu'il est indissoluble. Il appelle les couples à rester fidèles et engagés pour la vie. Mais il ne parle pas d'un mariage fondé sur la loi et le légalisme, d'un engagement purement institutionnel. En tant que structure humaine, le mariage est destiné à faciliter la vie des hommes sur terre, avec tout ce qu'elle comporte, mais sans plus. Il est désolant de voir des chrétiens développer une théologie du mariage centrée sur la préservation de sa structure, et non sur la relation de deux personnes.

La pensée que le bien-être de ces personnes est plus importante que la structure du mariage a inspiré notre réflexion concernant les familles monoparentales et le remariage. Le message chrétien est le pardon et la restauration.

Des divorcés avec enfants choisissent d'assumer seuls la charge parentale? Nous ne leur refuserons pas, à eux et à leur famille, le soutien et le réconfort dont ils ont besoin. Nous les accepterons et les accueillirons avec amour dans l'Eglise.

D'autres divorcés prendront un nouveau départ dans le remariage? Résistons à la tentation d'un raisonnement légaliste qui disqualifierait leur espoir de recommencement.

Si le mariage a été conçu pour le bien de l'humanité et non l'humanité pour le mariage, ceux qui ont échoué devraient avoir une nouvelle chance. La personne mariée n'est pas moralement supérieure à la personne divorcée. Les personnes remariées qui vivent en famille recomposée ont beaucoup à apporter à la communauté chrétienne. Si nous pratiquons cette théologie des relations, l'épanouissement des personnes remariées et de leur famille sera une bénédiction et une force pour toute la communauté des croyants.

SEPTIÈME PARTIE

La vie de famille dans la société actuelle

Toute compréhension de la famille doit comporter des analyses au niveau de sa dynamique propre et à celui de son implication dans le vaste ensemble que constitue la société. Nous avons jusqu'ici principalement porté notre attention aux problèmes de la famille elle-même, et nous considérerons maintenant les relations de celle-ci avec le contexte social. À travers cette exploration, nous verrons que nombre de problèmes de la famille reflètent en réalité ceux de la société.

Dans ce chapitre 17, nous présentons quelques aspects majeurs de la modernisation qui ont eu un effet profondément négatif sur la vie familiale actuelle. Au chapitre 18, nous présenterons une réponse biblique à la modernité et à la pensée post-moderne.

17

La famille et les problèmes de la modernité: l'érosion de l'alliance dans la société actuelle

Charles Dickens décrivit l'époque de la Révolution française, pour les changements qu'elle apporta, comme « la meilleure et la pire ». Il en va de même pour la famille actuelle : c'est à la fois la meilleure et la pire des époques pour cette institution contradictoire et contrastée par excellence. Alors que, nous l'avons vu, le nombre de divorces est très élevé, le nombre de couples qui se déclarent satisfaits de leurs relations l'est également. Autre paradoxe: alors que des millions d'enfants vivent dans des familles désunies, l'accent est mis plus que jamais sur l'amour et l'intimité dans les relations familiales. Et alors que certains célèbrent l'ouverture et la liberté apparues dans les nouvelles formes de famille, d'autres se lamentent sur son déclin.

Si la famille se partage en effet le meilleur et le pire, c'est un résultat de la modernité. Notre société, par sa foi dans le progrès, a traditionnellement une vision optimiste de l'avenir. Aujourd'hui, cependant, cette modernité annoncée comme la voie vers un monde parfait, est tenue pour responsable du déclin de la famille et de la vie humaine. En même temps que de son déclin, soyons conscients du danger de surévaluer la famille aux dépens d'un plus grand projet, à savoir que nous sommes appelés à devenir enfants de Dieu «nés, non du sang, ni de la volonté de la chair, ni de la volonté de l'homme, mais de Dieu.» (Jn 1:13)

Une définition de la modernité

Certains pensent que la modernité est étroitement liée au développement technologique. Plus les sources d'énergie sont importantes, plus les capacités humaines sont multipliées par l'usage d'outils, plus la société est moderne. La modernité se conçoit comme un processus de changement institutionnel en liaison avec une croissance économique d'origine technologique.

D'autres théoriciens conçoivent la modernisation comme un changement social qui se produit dans différentes sphères: *politique* lorsque le simple exercice d'une autorité tribale ouvre la voie au suffrage, aux partis et à la bureaucratie; *éducative*, quand la société lutte contre l'illettrisme et pour accroître les capacités productrices; *religieuse*, quand les systèmes de croyances sécularisés remplacent les religions traditionnelles; *familiale*, quand les entités familiales élargies perdent leur cohésion, *stratificationnelle*, quand la mobilité géographique et sociale bouleverse les systèmes hiérarchiques établis.

Le concept sociologique de modernisation reflète à la fois la théorie de l'évolution et celle du fonctionnalisme structurel. La théorie de l'*évolution* affirme que la société progresse du simple au complexe. Ce processus est appelé «développement», les sociétés sous-développées étant les communautés agraires à technologie minimale. La modernisation comporte des stades tels que, successivement, le stade agraire, la préparation au développement, le développement et la consommation de masse. La théorie du *fonctionnalisme structurel* affirme qu'avec le développement économique de nouvelles normes sociales et culturelles ont besoin d'apparaître. Certains chrétiens qui voient dans les institutions sociales traditionnelles des idéaux venant de Dieu, vivent la modernité comme une menace. La menace est réelle, mais la modernité nous donne l'occasion de réexaminer les structures sociales existantes et de les recréer à la lumière de l'idéal biblique.

La crise et le défi de la modernité

Le premier effet de la modernité est la désintégration des normes traditionnelles. Être moderne, c'est briser le moule dans lequel valeurs, comportements et aspirations avaient été fondus. Cette rupture instaure la responsabilité de créer de nouvelles structures institutionnelles, et la menace d'un chaos social, moral et intellectuel difficilement surmontable. Selon Jacques Ellul, nous vivons constamment dans la tension créée par les réalités duelles du choix et une série de mécanismes d'une complexité inouïe – les techniques, la propagande, la planification administrative, l'idéologie, l'urbanisation. Cette tension nous amène à ne plus voir que les menaces de la modernité et, au lieu d'y faire face, nous essayons d'éviter les problèmes qu'elles suscitent.

Les sociologues continuent à débattre des origines et des forces mouvantes de la modernisation. Certains pensent qu'elle est avant tout due à la technologie et à l'économie, d'autres que ce sont des changements idéologiques qui l'ont rendue possible. Nous pensons qu'elle se développe d'une manière dialectique, qu'elle est alimentée à la fois par des aspects matériels et idéologiques de la vie. Il n'existe pas de domaine social ou culturel autonome, qu'il s'agisse, pour ne citer que les principaux dans la société contemporaine, de l'église, de la famille, de l'économie, de l'éducation et de la politique.

Bien que tous les domaines de la vie interagissent, l'économie et la technologie prédominent dans la société occidentale actuelle, les autres domaines se limitant à réagir. D'autre part, les crises internes de la modernisation conduisent parfois à des changements dans l'équilibre du pouvoir. Par exemple, le problème de la légitimité morale dans la société moderne a modifié le rôle des institutions religieuses. Beaucoup se demandent si une société pratiquant le pluralisme moral et le « flou » moral est en mesure de subsister. La crise de la sécularisation nous fait prendre conscience du besoin d'un nouveau consensus moral - sinon religieux - pour la société actuelle.

Pour développer notre schéma d'analyse de la situation, nous considérerons quatre dimensions de la vie socioculturelle: la *conscience*, la *communication*, la *communauté*, les *produits de consommation*. Voir la figure 5 où les flèches pleines représentent une priorité logique et les flèches en pointillé les interactions entre les diverses dimensions.

La modernisation prend racine dans la réalité économique (les produits de consommation); les changements à ce niveau se reflètent à l'autre niveau de la vie socioculturelle. En outre, chaque niveau renvoie aux autres. Le modèle dialectique que nous proposons est semblable au modèle général de structure

Figure 5

Les quatre dimensions de la vie socioculturelle

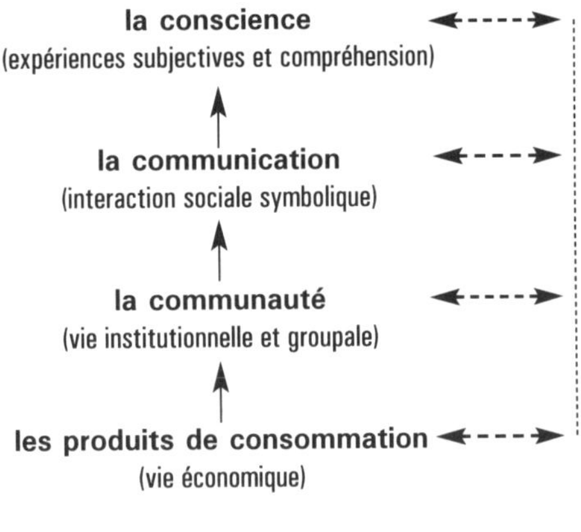

sociale dans lequel chaque partie est conçue comme influençant chacune des autres et influencée par elles. Nous ajoutons aussitôt que ces dimensions ne sont que des constructions analytiques et ne sont pas à considérer comme des composantes isolées de la réalité.

Confrontés au défi de la modernité, il nous faut envisager tous les domaines de la vie. Si nous avons choisi ces quatre dimensions, c'est qu'elles recouvrent les principaux domaines dans lesquels les crises éclatent. Nous commencerons par en explorer les dilemmes respectifs, puis nous examinerons les effets négatifs particuliers qu'ils ont sur la famille.

La conscience

La conscience se rapporte aux expériences subjectives d'un individu, à ses pensées, ses croyances, son imagination et ses émotions. Dans ce domaine, les crises éclatent à la fois chez l'individu et entre individus.

Chez l'individu, la conscience est tiraillée entre les différentes sphères de la vie. Il doit négocier la compétition impersonnelle de la vie publique et l'intimité (amitié, famille), entre la rationalité à l'école et la foi à l'église, entre les solutions faciles de la télévision et les difficultés sans fin de la vie quotidienne. Même les meilleurs esprits et les personnalités les plus stables perdent rapidement pied.

Cette scission de la pensée a entraîné la séparation de la foi d'avec la vie. Des questions se posent donc: comment nos croyances et nos valeurs se traduisent-elles dans notre vie? Ces croyances et ces valeurs rivales façonnent-elles les différents domaines de notre vie? Nos engagements de chrétiens nous distinguent-ils d'autres personnes?

Les gens vivent aujourd'hui dans un état de dissonance cognitive. Nous nous sommes adaptés à des croyances apparemment inconsistantes, et il n'y a pas de congruence (d'adéquation) entre nos valeurs et notre comportement. Par exemple, les engagements interpersonnels et l'intimité sont hautement valorisés, mais les relations sont instables. Nombre de chrétiens disent avoir de la compassion pour les pauvres, mais ils les évitent. Pour paraphraser l'apôtre Paul, nous sommes prisonniers d'un «corps de mort» sociologique, car nous ne faisons pas le bien que nous voulons, mais nous pratiquons le mal que nous ne voulons pas, et nous ne comprenons pas nos actes (Rm 7:15-25).

Nous avons une variété de visions du monde à notre portée. Plus nous devenons modernes, plus nous prenons conscience de cette diversité, et plus nos propres vues paraissent relatives. C'est la pluralisation de la conscience. Certains considèrent que cela ouvre la voie à un dialogue contradictoire avec d'autres pour construire son propre système de valeurs. C'est une tâche solitaire. D'autres tentent de former un nouveau consensus soit en créant une synthèse nouvelle par le dialogue, soit en coupant court au dialogue et en imposant leurs croyances aux autres.

Une autre voie est le subjectivisme. Quand les routines institutionnelles et les idéologies cessent d'être plausibles, les règles de conduite et les modes de pensée sont mis en cause, *y compris la moralité*. Si les institutions n'apportent plus de réponse fiable à des questions comme «Que faire de ma vie? Comment élever mes enfants? Est-il acceptable de vivre avec une personne de sexe opposé en dehors du mariage?», *l'individu doit regarder en lui-même* pour trouver les réponses. Cette attitude n'est pas négative en soi, c'est simplement un trait de la société moderne. Cependant, elle est susceptible d'entraîner une fixation sur le moi, une absorption permanente dans les complexités de l'individualité.

La communication

Dans la société actuelle, la communication tout à la fois forme et reflète la fragmentation, la pluralisation et la « subjectivisation » de la conscience. Les symboles signifiants - les termes que chacun comprend de la même façon – constituent le fondement de la communication. Mais aujourd'hui, il n'est plus certain que chacun comprendra exactement la même chose. Même les mots *famille*, *église* ont une variété de sens qui entraînent des discussions animées. Que dire du mot *amour*! Le défaut de consensus à propos du sens crée un dilemme. D'une part, la diversité des arrière-plans et notre unicité d'individus rendent la communication plus nécessaire que jamais, mais par ailleurs le manque de symboles signifiants la rend plus problématique que jamais.

Quantité de questions s'élèvent à propos de nos tentatives pour communiquer: comment le faire si nous ne sommes pas sûrs que les autres comprendront nos mots comme nous les comprenons? Comment le dialogue est-il possible s'il n'y a pas de base commune à l'interprétation du langage? Notre vocabulaire est-il authentique ? Jusqu'où sommes-nous libres de créer du vocabulaire et de donner de nouveaux sens aux mots? Quelle est la relation entre l'expérience et le langage? Comment se fier au processus même de la communication? Le langage deviendra-t-il, comme la publicité, une technique de plus pour mystifier et dominer les gens?

Les difficultés de communication sont aggravées aujourd'hui par la prolifération de langages techniques et professionnels qui échappent au commun des mortels. Nous assistons également à des essais de dépassement des moyens traditionnels de la communication symbolique traditionnelle par diverses formes de communication non verbale. En général, il y a un appauvrissement du langage courant de la conversation à cause de l'impossibilité d'exprimer des réalités complexes avec des mots simples.

La communauté

Même si l'idéal communautaire et familial varie quelque peu d'une tradition religieuse à l'autre, la modernité en a partout dégradé le sens. Beaucoup ont déploré le déclin des communautés homogènes et géographiquement localisées comme étant la crise majeure de notre temps. Sans elles, nous sommes impuissants à contrôler la société, à la merci de notre propre laxisme moral et des étrangers qui nous entourent. Les gens sont à la recherche d'un nouveau foyer où ils pourraient trouver un but valable. Mais ce que nous oublions souvent, quand nous regrettons la disparition des communautés traditionnelles, c'est le provincialisme et le manque d'autonomie qui les caractérisent. Les villages isolés et les groupes tribaux sont connus pour leur ethnocentrisme[1].

La centralisation des fonctions économiques et politiques en corporations et en bureaucraties gouvernementales coïncide

1. Tendance à privilégier le groupe social auquel on appartient et à en faire le seul modèle de référence.

avec la désintégration de la vie communautaire. L'image qui vient à l'esprit est celle de l'individu isolé et de la famille nucléaire confrontés à une société sans visage. La communauté qui intercédait en faveur de l'individu auprès des institutions a disparu. Les institutions judiciaires et politiques sont de plus en plus appelées à régler les conflits familiaux, religieux et communautaires. L'immixtion du gouvernement dans des domaines jusque-là considérés comme privés ou sacrés est devenu un problème sérieux auquel on n'a, semble-t-il, pas trouvé de solution.

Certains sociologues affirment que les réseaux sont les substituts modernes aux communications traditionnelles. Les amis, les collègues de travail, les groupes sociaux, éducatifs, culturels et religieux satisfont ensemble à tous les besoins individuels, ou presque. Cependant, ces réseaux tendent à l'instabilité et à la spécialisation, de sorte qu'ils manquent des vertus communautaires essentielles: l'engagement inconditionnel et le sens de l'appartenance, qui couvrent la vie entière d'une personne.

Il existe un large éventail de réactions à l'éclatement des communautés traditionnelles: d'un côté l'individualisme, qui nie toute dépendance aux autres et refuse de s'engager à leur égard. À l'opposé, des gens qui tentent l'expérience de diverses formes de communautés centrées sur quelque valeur commune comme le partage économique, la vie de famille ou la dévotion religieuse. Entre ces deux extrêmes, des gens sont à la recherche d'un sens communautaire dans un cadre institutionnel comme celui d'une église.

La production des biens de consommation

Dans le capitalisme, la vie économique s'est développée sans la moindre référence religieuse. La séparation de la vie économique de la vie religieuse est caractéristique des institutions actuelles. L'éclatement de la conscience, la complexité de la communication et la désintégration de la communauté ont fait de économie un centre de gravité. Pour certains, la religion n'a pas servi à souder la société moderne, et le consensus risque de se limiter aux problèmes économiques et politiques. La question de savoir si une société uniquement agencée sur un consensus économique et politique peut se maintenir, reste toujours sans réponse.

Les principes économiques dominent réellement la vie sociale actuelle. Jacques Ellul écrit que le principe de l'efficacité maximalisée, issu de l'activité économique, a envahi tous les secteurs de la vie, politique, éducatif, interpersonnel, de telle sorte que même la vie sociale se raisonne en termes de «consommation».

Karl Marx soutenait que l'accent mis par le capitalisme sur les biens de consommation conduit à l'aliénation du travailleur. Le sens profond du travail s'y perd. Le travail devient exclusivement un moyen de se faire de l'argent. En conséquence, le travailleur se définit lui-même et ses semblables en termes de capacité à produire. Pour Jacques Ellul, l'argent est devenu une puissance spirituelle dans la société ainsi qu'un critère moral pour juger les gens et leurs activités. Les relations sociales et la créativité sont assujetties à l'efficacité et à la production. Le double phénomène du carriérisme et de la consommation se retrouve au cœur de la vie économique, de l'Eglise et de la famille.

L'impact de la modernité sur la famille

En nous appuyant sur cette compréhension de la modernité, nous examinerons maintenant les dilemmes que cela pose à la famille, ainsi que les faux espoirs qui en ont résulté.

L'éclatement de la conscience

Le problème. L'éclatement de la conscience a déclenché une crise de la moralité et de l'autorité dans la famille. Chaque famille est appelée à construire son propre système de valeurs, en général sans le soutien de la famille élargie. Des difficultés risquent de surgir quand les enfants atteignent l'adolescence et commencent à comparer les options morales de leur famille avec celles des autres familles. Les parents auront à défendre leur conception de la moralité. La crise de l'autorité induite par l'éclatement de la conscience comprend également celle de la famille élargie sur la famille nucléaire, et du mari sur sa femme. C'est ici que la redéfinition du rôle des sexes entre en jeu.

Autre conséquence de l'éclatement de la conscience, la dichotomie entre la vie publique et la vie privée. Dans les sociétés traditionnelles, il y a peu d'écart entre les deux; l'entité sociale primaire dans le travail et dans la vie privée est unique et la même : la famille, le clan ou la tribu. En revanche, la séparation actuelle entre le travail et la vie privée a engendré deux niveaux de fonctionnement social. Au travail, les gens côtoient les autres comme des êtres relativement impersonnels, et se voient eux-mêmes comme des agents anonymes. Cet anonymat empêche tout engagement au-delà de ce que l'on pourrait appeler une pseudo-intimité. Les gens chercheront l'intimité, le sens et l'accomplissement dans leur vie privée. Mais nous craignons que la modernité ait affaibli l'institution familiale au point que même là cela soit impossible.

Les faux espoirs. Confrontés à cette crise de la conscience, les chrétiens conservateurs ont répondu par le traditionalisme, une tentative pour restaurer la famille telle qu'elle était dans le passé, comme si elle était conforme à l'idéal biblique. Nous croyons que c'est un faux espoir, parce qu'il s'agit davantage d'une défense de la famille du passé que d'une perspective biblique sur la famille dans la société contemporaine. Les chrétiens tombent souvent dans le piège qui consiste à croire que la forme particulière de famille propre à leur culture est l'idéal de Dieu. Ils croient lire leur propre modèle culturel dans les Écritures et prennent tous les éléments qui, dans la Bible, touchent à la vie de famille pour des normes. Mais l'organisation de la famille aux temps bibliques n'a jamais été destinée à servir de modèle pour toutes les cultures et pour tous les temps !

Autre réaction (et faux espoir) à l'éclatement de la conscience familiale: le recours aux «experts». Souvent, les parents perdent confiance en eux-mêmes et craignent de commettre des erreurs pédagogiques en se fiant à leur bon sens. Ce genre de doute est fréquent dans la communauté chrétienne où de nombreux parents sont attachés à une vision déterministe de leur rôle: ils croient, à tort, qu'une bonne éducation garantit des enfants fidèles à Dieu. Malheureusement, cette vision est fortifiée par de prétendus experts de tous acabits qui attirent de nombreux parents désireux de se débarrasser du fardeau harassant de l'éducation dans la société actuelle.

Autre faux espoir: la privatisation de la vie familiale issue de la dichotomie entre la vie privée et la vie publique. Le couple et la famille permettent de se créer sa petite réalité à soi tout seul, déconnectée du monde extérieur. C'est encore un faux espoir. La privatisation de la vie familiale conduit facilement à une situation amorale dans laquelle la famille est si préoccupée de ses propres affaires qu'elle en ignore les plus démunis. Une telle famille déshonore le concept biblique de la vie familiale.

La complexité de la communication

Le problème. La complexité de la communication dans la société actuelle compromet la vitalité familiale. Qu'il n'y ait pas d'acception universelle de mots tels que *famille*, *amour*, *parenté*, *intimité*, *partage* complique les relations. Dans la mesure où le mari et la femme viennent de milieux différents, ils auront des difficultés à communiquer. Il est possible que la recherche incessante d'intimité dans la société contemporaine corresponde au besoin de combler le vide résultant d'un manque d'expériences partagées.

Les parents d'adolescents comprennent vite que le fossé entre générations est dans une large mesure un problème de communication. Avec l'émergence d'une sous-culture adolescente, d'anciens mots prennent des significations nouvelles et des mots nouveaux apparaissent. La complexité de la communication entre les adolescents est d'autant plus grande qu'il n'y a pas de culture adolescente monolithique, mais plusieurs, chacune ayant son propre style de communication (le plus souvent non verbal).

Les faux espoirs. La confiance excessive dans les techniques de communication dans la famille est une réponse à cette complexité. Il suffit de considérer le nombre de livres écrits sur la communication entre époux et dans la famille pour se rendre compte de l'extrême importance accordée à la technique. Mais être obnubilé par les techniques de communication risque en fait de réduire celle-ci. Les époux « parlent sur le dialogue » plutôt qu'ils ne s'engagent dans un véritable dialogue. (La confiance dans les techniques s'est également répandue dans le domaine sexuel; des manuels promettent au couple un épanouissement total de leur sexualité s'ils suivent les procédures indiquées.)

Une autre réponse à la difficulté de communiquer consiste à isoler la communication des activités courantes. De nombreux parents, conscients de la nécessité d'expliquer à leurs enfants les règles et les valeurs familiales, réservent du temps pour en discuter, au lieu de le faire naturellement, dans le cours de la vie commune, à n'importe quelle occasion favorable.

L'éclatement de la communauté

Le problème. Dans la plupart des sociétés aujourd'hui, la famille élargie a été remplacée par la famille nucléaire. Etant déracinée de la famille élargie, du clan, de la tribu, la famille nucléaire a perdu le soutien de la famille élargie. La famille nucléaire isolée dans la société actuelle est un système fragile, que les jeunes couples mariés soutiennent seuls. L'absence du mari ou de la femme (ou des deux) du foyer, personne ne s'occupant des enfants, risque d'être gravement perturbatrice.

Certains auteurs ont affirmé que la famille nucléaire est l'entité sociale la plus fonctionnelle dans une société industrielle. En un temps où l'on annonçait le déclin de la famille, d'autres disaient avec optimisme qu'elle était devenue plus spécialisée, plus que jamais dans aucune société auparavant, ce qui a certes entraîné le déclin de certaines caractéristiques traditionnellement liées à la famille, mais pas son déclin pur et simple. Ces auteurs envisageaient des organisations communautaires de petite taille telles que les églises, les écoles de voisinage, les associations de volontaires prenant en charge les fonctions traditionnelles de la famille. Il n'empêche que la famille dans la société actuelle est devenue extrêmement dépendante des institutions économiques de masse et gouvernementales.

Le manque d'attaches communautaires a permis aux membres de la famille de se joindre à des réseaux sur lesquels la famille n'a guère de contrôle. Les adolescents, nous l'avons dit, ont leur sous-culture. La tendance actuelle pour les membres de la famille est de participer individuellement à divers groupes d'intérêts spécialisés. Bien que la plupart de ces groupes ne visent pas des relations intimes, ceux qui le font contribuent à l'éclatement de la communauté familiale.

Trois tendances principales constituent l'idéologie qui aujourd'hui place l'individu au-dessus de la communauté traditionnelle:

1. la primauté de la croissance industrielle sur la tradition et la coutume;

2. l'égalité entre les sexes;

3. la primauté de la relation conjugale sur la famille élargie.

L'émergence de ces tendances libère l'individu de la domination de la famille élargie et des anciennes façons d'agir.

Les sociétés d'aujourd'hui évoluent vers un système familial centré sur la relation conjugale. Parmi les caractéristiques de ce système, on trouve:

1. une méthode bilatérale de prise en compte des liens familiaux; par exemple, puisque le mari et la femme viennent de milieux différents, ils reconnaîtront une parenté quelque peu différente;

2. les parents n'interviennent guère dans le mariage de leurs enfants;

3. le choix d'un partenaire sur la base de l'amour romantique;

4. l'abandon de coutumes comme la dot, qui traditionnellement unissaient les familles;

5. l'affaiblissement de l'autorité parentale et de l'autorité du mari sur son épouse;

6. l'égalisation du pouvoir dans la famille et l'émergence de la négociation comme moyen pour prendre des décisions importantes.

Il est vrai que ces changements ont libéré les individus de l'emprise de la famille élargie. Cependant, l'individualisme exacerbé, avec son manque de responsabilité à l'égard de la communauté, amène à se demander si cette liberté n'est pas trop cher payée.

Les faux espoirs. Au moins trois réactions à l'éclatement de la communauté se révèlent être de faux espoirs. Premièrement, certaines familles se replient sur elles-mêmes, cherchant à vivre en autarcie. Elles développent leur propre idéologie, une sorte d'économie fermée, et elles deviennent profondément fusionnelles. Ce type de famille est irréaliste et condamné à l'échec. Il est également incompatible avec la définition que Jésus donna de la famille (Mc 3:31-35).

D'autres familles chargent des institutions spécialisées des soins à donner à leurs parents dépendants; elles se révèlent incapables de s'occuper correctement des enfants, des personnes âgées ou des handicapés.

Troisièmement, il y a des alternatives à la famille. Il faut évoluer parallèlement à la modernité. Cependant, les chrétiens doivent être conscients des propositions alternatives qui sont apparues, telles que le mariage homosexuel, les communautés mixtes, l'insémination d'une femme célibataire, et le concubinage. Autrement dit, on voit surgir différentes formules de recréation de la famille pour répondre aux besoins d'accomplissement individuel. Adopter une de ces alternatives, c'est ignorer non seulement l'autorité des Écritures, mais aussi la possibilité que ces besoins individuels doivent changer pour l'amour de la famille.

L'émergence de manipulations génétiques telles que l'insémination artificielle, la fécondation in vitro, les mères porteuses et le clonage, permet à une ou plusieurs personnes de former une famille pour un nouveau-né. Du point de vue chrétien, tout usage d'une technologie génétique devrait s'appuyer sur un engagement par alliance d'avoir des enfants. En outre, le développement des techniques génétiques au service de la reproduction est à évaluer par rapport à son impact sur la communauté familiale.

La prédominance des biens de consommation

Le problème. Le principal effet de la prédominance des biens de consommation a été de transformer la famille d'unité de production en unité de consommation. Il est rare aujourd'hui que des membres de la famille soient occupés à produire ensemble; il est également rare de les trouver occupés ensemble à autre chose qu'à consommer. Le monde du travail et la vie de famille sont désormais séparés. C'est, comme nous l'avons vu, un des symptômes de l'éclatement de la conscience.

Un autre effet de la prédominance des biens matériels est d'avoir fait de la capacité de les acquérir la principale valeur des individus et de la famille. Les autres nous mesurent à notre succès sur le marché, et nous nous apprécions nous-même à l'argent que nous gagnons relativement aux autres. Dans un grand nombre de cas les salariés cherchent une augmentation davantage par amour-propre que par besoin financier.

Les faux espoirs. Il y a eu des réactions diverses à cette prédominance matérialiste. Certaines féministes ont déclaré que le seul moyen de parvenir à l'égalité pour les femmes au foyer, c'était que l'État leur verse un salaire. Si le travail domestique des femmes était apprécié à sa juste valeur, elles seraient en position de force dans la relation conjugale. L'égalité dans le mariage est un idéal biblique. Mais nous ne croyons pas qu'il vise pour chaque partenaire à obtenir plus de la relation qu'il n'y investit. Nous ne nions pas qu'il en soit ainsi dans nombre de mariages actuels, mais cet état de chose est en contradiction avec l'idéal biblique de la soumission réciproque.

Une famille ne crée pas un esprit communautaire par la seule consommation partagée, en regardant la télévision ou en allant au cinéma ensemble, par exemple. Des activités de cette nature ont un effet positif, mais il serait naïf de croire qu'une famille qui s'unit pour consommer s'épanouit ainsi.

Certains, comme Alwin Toffler, voient dans l'évolution des techniques informatiques un brillant avenir pour les familles: d'ici peu, une grande partie du travail effectué à l'extérieur aura élu domicile au foyer familial, qui deviendra un foyer de production, où les enfants apprendront le métier qui leur convient et acquerront leur spécialité. Bien que cette vision exaltante soit une réalité pour certaines familles, tant de problèmes sociaux restent sans solution que, pour l'heure, elle n'est qu'un faux espoir.

Le carriérisme est un dernier faux espoir. Une grande majorité des femmes travaillent à l'extérieur de chez elles. Il est étonnant que des chrétiens y voient un problème. Nous croyons que la vraie difficulté n'est pas là, mais dans les arrangements parentaux appropriés pour prendre soin des jeunes enfants. Des réformes structurelles s'imposent dans ce domaine de la part des institutions économiques pour créer des crèches et proposer des horaires permettant aux salariés de s'occuper de leurs enfants.

Le phénomène du carriérisme ne doit pas être considéré comme un problème féminin, mais comme intéressant l'identité de tous les adultes. Le carriérisme, qu'il concerne un seul ou les deux époux, engendre la fausse équation « valeur personnelle = succès professionnel ». Les carrières, comme l'argent, détournent de la dimension spirituelle, de la création et du maintien de relations intimes dans la famille et dans la société comme ensemble.

Le temps présent semble bien être le pire. La famille est engagée dans une mauvaise voie, et les efforts faits pour améliorer cette situation apparaissent comme de faux espoirs. Au chapitre suivant, nous indiquerons le rôle joué par la société postmoderne dans l'érosion des valeurs familiales fondées sur la Bible et les changements radicaux qui restaureraient ces principes.

18

Créer un environnement favorable pour la famille

Des changements fondamentaux seraient nécessaires dans deux domaines:

1. pour les familles, réagir radicalement à la modernité;

2. pour la communauté et les structures sociales, intégrer les idéaux bibliques de koinônia *et de* shalom.

Des réactions inadaptées à la modernité

Nous devons nous méfier des faux espoirs de renouveau familial déjà cités, parmi lesquels, d'abord, le désir de revenir à un passé idéalisé, désir fondé sur l'idée que le XIXe siècle fut un âge d'or pour la famille et que la famille patriarcale représente l'idéal biblique pour la société actuelle. Cette approche méconnaît la complexité des problèmes que nous avons évoqués au chapitre précédent, au lieu d'y réagir de façon créative. Il s'agit de se porter au-delà des traditions et des options actuelles.

Seconde catégorie de réaction, la pensée postmoderne. Rejetant à la fois un retour à la famille d'un passé idéalisé et les certitudes de la modernité, cette approche embrasse le bon potentiel et l'utilité de formules familiales alternatives. La postmodernité est une réaction radicale aux excès rationalistes propres à la modernité; elle voit la vérité à travers l'expérience vécue par chacun et elle est parfois utile pour corriger les certitudes de la modernité qui placent la raison humaine au centre d'une morale universelle. Cependant, dans sa forme extrême, par son point de vue qui inclut tout, cette pensée risque également de miner les valeurs et les structures familiales.

Regardant la réalité comme multiple, les postmodernes croient qu'il existe de nombreux modes de connaissance, de nombreuses nuances de vérité. Ils reconnaissent la perspective chrétienne comme une vision possible à égalité avec d'autres, et estiment dangereux et intolérant de n'accepter qu'une seule vérité, qu'une seule morale parmi une myriade d'autres. Dès lors, si toutes les alternatives sont acceptables, il n'y a guère de raison de préférer une forme de famille à une autre. Le problème est évidemment que le postmodernisme n'apporte pas de réponse satisfaisante aux divers systèmes familiaux abusifs et pernicieux que nous connaissons. Nous nous prononçons pour une moralité qui protège les intérêts de tous les membres de la famille et qui reconnaît le potentiel en bien comme en mal des différents systèmes.

Tandis que la modernité cherche à évaluer la vie de famille à partir des données scientifiques et naturalistes, la post-modernité en adopte toutes les formes culturelles. Sous prétexte d'éviter le piège de l'idéalisation d'une seule d'entre elles, la post-modernité va à l'autre extrême et éteint tout espoir d'avoir des critères de moralité pour la famille.

Nous sommes appelés, nous chrétiens, à comprendre ces deux formes de pensée pour en évaluer les avantages et les écueils. Embrasser l'une ou l'autre sans réserve conduit à choisir une perspective humaine de préférence à celle de Dieu. Nous pensons que les chrétiens ont intérêt à reconnaître le négatif et le positif de ces tendances, puis à formuler une réponse bibliquement fondée.

Pour répondre à la modernité

Se délivrer de l'esclavage de la consommation

C'est le premier pas vers des conditions de vie saines. Il n'est pas nécessaire d'être marxiste pour constater que notre société est dominée par le capitalisme. Pour nous, le mot «productivité» suggère automatiquement les biens de consommation. Il est clair que la restauration de la vie de famille passe par la libération d'un système économique envahissant.

À défaut d'une révolution qui nous en délivre, nous resterons assujettis à la consommation. Les techniques, l'argent, l'ambition professionnelle et la croissance économique sont les forces spirituelles de cette société. N'espérons pas qu'elle va adopter les valeurs chrétiennes mais, au risque de paraître insensés, résistons à la puissance des valeurs qui dominent le monde.

Les employeurs chrétiens donneront l'exemple en adaptant les horaires de travail de façon que les pères et les mères soient en mesure de s'occuper de leurs jeunes enfants, une stratégie qui inverserait une tendance vieille de deux siècles, faisant passer les impératifs de production avant la famille. Un tel programme tiendrait compte des grossesses difficiles, de la nécessité de congés parentaux et d'une garderie sur les lieux de travail. Tout cela réduirait sans doute les bénéfices de la société, mais tous y gagneraient en bien-être familial et personnel, et en loyauté à leur entreprise.

De même, les employeurs chrétiens offriront des perspectives d'avancement à ceux de leurs employés qui s'engageront à ne pas déménager. Les déplacements géographiques fréquents privent les familles du soutien communautaire dont elles ont besoin, surtout en temps de crise.

Si les employeurs s'engagent à protéger la qualité de vie de leurs employés, ceux-ci s'engageront de leur côté à produire un travail de haute qualité. Le système économique actuel, qui fait du profit la considération principale, ne permet ni la loyauté ni l'amour du travail bien fait. En plus du salaire, les employeurs chrétiens récompenseront et encourageront les initiatives.

Dans la famille elle-même, la consommation et le carriérisme céderont la place aux relations et au partage des ressources communes. Ceci, au-delà d'un esprit de service, requiert une volonté de dépasser la sécurité financière à laquelle nous sommes conditionnés, pour nous-même et pour notre famille. Pour la plupart, nous nous considérons comme tenus d'assurer à nos enfants un certain statut social et la sécurité financière. La vie de famille est orientée dans ce sens. La décision de sacrifier le statut socioéconomique afin de vivre conformément aux principes bibliques sera perçue comme une menace à l'égard de l'ordre établi. Les enfants concernés, d'autres membres de la famille et des amis, critiqueront celui ou celle qui accepte un travail mal rémunéré pour passer plus de temps avec sa famille ou pour servir la communauté.

Il est difficile de s'attaquer au système et de donner à ses relations personnelles et au service des autres la priorité sur l'argent. On honore ceux qui gagnent beaucoup d'argent, mais rarement ceux qui ont les relations pour objectif suprême. Le cas le plus ordinaire est celui du parent qui choisit de rester à la maison pour s'occuper des enfants. On le regarde souvent comme une sorte de chômeur. À quoi s'ajoute, pour un parent isolé, le manque de moyens. Un de nos amis, fier de rester à la maison pour élever ses trois jeunes enfants, supportait le mépris des gens, qui lui demandaient: «C'est tout ce que vous faites?», ou: «Pourquoi ne travaillez-vous pas?»

L'église bénira celui qui est disposé à faire des sacrifices de cette nature. Ce soutien allégera son fardeau et le protégera des pressions économiques de la société. L'église aidera également les familles qui se consacrent à des activités relationnelles, créera des crèches au profit des parents qui travaillent à l'extérieur, soutiendra les familles en difficulté financière ou psychologique. Les attentions de la communauté seront d'un grand secours pour les familles en charge de handicapés, de grands malades, ou endeuillées.

Se délivrer de l'esclavage matérialiste, c'est aussi refuser de penser au mariage et aux relations familiales en termes d'un échange social. Les membres de la famille manœuvrent de façon à retirer davantage de la relation qu'ils n'y investissent. En effet, des modèles éducatifs prônent aujourd'hui le marchandage égocentrique entre les membres de la famille, en insistant sur les besoins matériels. Il s'agit de remplacer cela par le modèle biblique d'édification réciproque.

Reconstruire la communauté

Aujourd'hui, la famille type est au mieux une communauté partielle, assaillie d'un côté par la société de masse, et de l'autre par un individualisme de plus en plus narcissique. Le plus urgent, c'est de retrouver ce que signifie dans la Bible être une famille.

Premièrement, la reconstruction d'une vie de famille ne se fera que dans un environnement sécurisé, marqué par des frontières bien délimitées. La famille a besoin d'être protégée d'une multitude d'intrusions qui minent sa vitalité. Nous avons déjà parlé des institutions économiques. Il faut y ajouter les institutions gouvernementales, éducatives et même religieuses. En essayant de répondre à toutes les demandes dont ces institutions la bombardent, la famille est fractionnée. Ses membres seront rassemblés et élevés dans une atmosphère d'acceptation, d'intimité et d'attentions réciproques.

Dans l'intimité familiale, nous sommes libres de nous dévoiler sans honte, d'être qui nous sommes, délivrés des exigences du monde extérieur, détendus grâce au soutien et aux encouragements de nos proches. Ce n'est pas une vie de famille fondée sur le contrat, les règles et l'amour conditionnel qui sera le refuge dont les individus éreintés par la compétition sociale ont besoin, mais celle qui s'appuie sur l'alliance, la grâce, l'édification et l'intimité. Elle incarne ainsi le concept néo-testamentaire de *koinônia*, le principe du service partagé qui constitue l'esprit de la communauté chrétienne.

Second point, la reconstruction de la communauté n'est possible que si la famille est considérée comme intégrante, inclusive plutôt qu'exclusive. Alors que le service et l'engagement sont censés commencer dans la famille, les Ecritures présentent un impératif moral qui ne nous permet pas d'accepter qu'elle se replie sur elle-même. L'enseignement de Jésus montre que la loyauté est mal placée si elle réside dans la famille seule. À l'occasion, il parle même de quitter, diviser, voir haïr sa propre famille.

Jésus cherche-t-il à la saper ? Il choisit pour lui-même le célibat de préférence au mariage, et un apostolat radical qui dresse les personnes les unes contre les autres dans leur famille: «Car désormais cinq dans une maison seront divisés, trois contre deux et deux contre trois: père contre fils, et fils contre père, mère contre fille et fille contre mère, belle-mère contre belle-fille et belle-fille contre belle-mère.» (Lc 12:52-53)

Dans le contexte général de l'enseignement de Jésus, ce serait évidemment une erreur de penser qu'il était contre la famille. La loyauté transcende la famille et s'étend à la communauté chrétienne tout entière, nos attentions à l'égard d'autrui dépassent le cadre familial. L'appartenance au corps du Christ unit tous les croyants en une nouvelle famille (Mc 3:31-35).

En regard de ce principe, l'image de la famille enfermée dans ses frontières n'est paradoxale qu'en apparence, car seule une famille forte édifie la communauté chrétienne, et telle est sa mission. De même, seule une église forte intérieurement édifie la communauté à laquelle elle appartient, et telle est sa mission.

Renouveler la communication

Celle-ci est vitale dans la reconstruction de notre communauté et la restauration de notre conscience. Elle reflétera à la fois notre individualité propre, et nos valeurs et nos activités communes. Elle sera libérée de la confiance excessive aux techniques et de l'obsession des mots. Pour ce faire, nous proposons deux voies. Tout d'abord, la communication sera contextualisée et non une activité distincte. Les membres de la famille, libérés du matérialisme et vivant en communauté entreprendront maintes choses ensemble et dans le contexte naturel de ces activités, ils compareront leurs expériences et apprendront à se connaître. Deuxièmement, les familles développeront d'autres façons de communiquer. Créer ou redécouvrir les rituels familiaux réservés à des occasions spéciales est un excellent moyen de briser la glace et de symboliser les valeurs familiales. À l'époque de Noël, par exemple, la famille insistera moins sur les cadeaux et repas, et davantage sur les actes symboliques, l'art, les jeux, les chants et les danses qui créeront une solidarité entre les participants. Ce temps d'intimité ensemble sera aussi une occasion pour chacun d'exprimer sa personnalité.

Restaurer la conscience

Les individus ne sont en mesure d'assimiler leurs expériences que s'ils disposent d'un système valable de valeurs et de croyances. À elle seule, la famille nucléaire est incapable de développer et de maintenir un tel système. L'église, par sa structure cohérente de croyances et de valeurs, s'efforcera d'aider les familles à restaurer la conscience.

L'Église et la famille seront des systèmes ouverts, étendant leur intérêt à l'égard d'autrui de différentes façons. Par exemple, la famille se dotera d'une parenté fictive, avec des personnes qui, sans leur être biologiquement apparentées, sont adoptées comme telles. Au lieu de rester confinés dans leur petit groupe, les membres de l'église se comporteront en chrétiens du monde, par des actions et des réactions tournées vers leurs lointains frères et sœurs en Jésus-Christ. La communauté chrétienne soutiendra les pauvres et les opprimés, matériellement et politiquement.

L'église et la famille ensemble témoigneront d'un amour patient, doux, plein d'espoir, et constant. C'est en étant des témoins de l'amour de Dieu que la famille et l'église aideront leurs membres à résister aux alternatives présentées par le monde. Les systèmes de valeurs et de croyances du monde sont solidement implantés, toujours prêts, comme de tout temps, à s'élever contre la parole de Dieu. La situation actuelle n'est spéciale qu'en ses défis et tentations.

Par le service et le témoignage au Christ, nous espérons fermement réunifier notre conscience. Mais sachons que les effets désastreux de la modernité ne seront que partiellement vaincus. La perfection viendra plus tard: «Car c'est partiellement que nous connaissons; c'est partiellement que nous prophétisons; mais quand ce qui est parfait sera venu, ce qui est partiel sera aboli. [...] Aujourd'hui nous voyons au moyen d'un miroir, d'une manière confuse, mais alors nous verrons face à face; aujourd'hui je connais partiellement, mais alors, je connaîtrai comme j'ai été connu.» (1 Co 13:9-12)

Le fait que le changement sera partiel n'est pas une raison pour renoncer à agir. Il est essentiel que les chrétiens ne nient pas les effets désastreux de la modernité, et qu'ils ne soient pas paralysés par eux non plus. Ils seront à la fois réalistes et optimistes.

Les structures de soutien

Notre désir dans ce chapitre est de trouver la structure familiale biblique qui réponde à la société actuelle. Mais il en faut plus, car la famille ne vit pas dans le vide. Elle est nécessairement connectée, pour le meilleur et pour le pire, à la société. Nous avons dit au chapitre 1 que l'A.T. appelait à des «structures de grâce» pour soutenir la famille. Ces structures transcendaient les liens familiaux, mais elles ne devaient pas abolir la famille. Si l'A.T. nous dit quelque chose pour aujourd'hui, c'est que nous avons besoin de « structures de grâce » théologiquement fondées, adaptées à notre situation, et qui soutiennent les aspects de la vie familiale que, d'un point de vue chrétien, nous estimons le plus valables et menacés par de puissants intérêts.

La famille, la communauté et la société sont des structures de soutien interdépendantes (figure 6).

Figure 6
Les structures de soutien

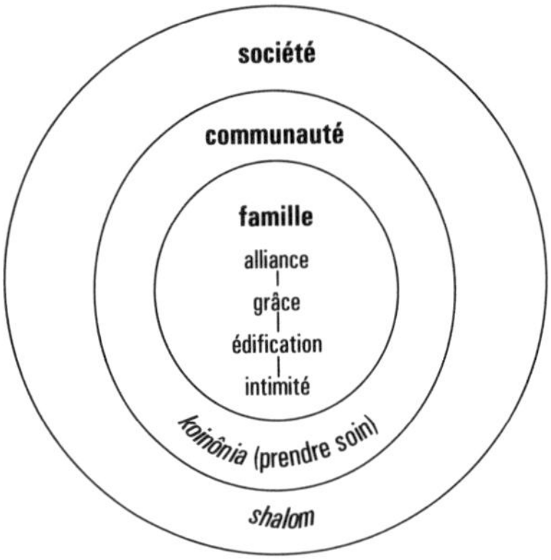

Nous avons suggéré l'idée que l'alliance, la grâce, l'édification et l'intimité sont des thèmes bibliques dont la vie de famille devrait s'inspirer. Nous suggérons à présent l'idée que les idéaux bibliques correspondants pour la communauté et la société sont *koinônia* et *shalom.*

Les familles élargies

Les familles ont besoin d'une communauté qui les soutienne et où elles trouvent leur identité. Dans les sociétés où la famille élargie est l'unité sociale de base, la famille nucléaire possède en elle une communauté d'appui évidente. L'unité sociale de base est dans une large mesure déterminée par le degré de complexité sociétale. Dans les sociétés de chasse et de cueillette, où le degré de complexité sociétale est très bas, l'unité de base est la famille nucléaire. La vie nomade, avec son économie de subsistance, ne peut pas avoir d'unité sociale plus étendue que la famille nucléaire. Avec la domestication des plantes et des animaux, les gens devinrent sédentaires. Les sociétés agraires supportent des concentrations humaines plus importantes. En outre, la possession des terres, les outils et les animaux entraînent le développement d'unités familiales plus nombreuses. La famille élargie est l'unité sociale dominante dans pratiquement toutes les économies agraires.

La révolution industrielle commencée au XVIIIe siècle exigea la concentration des gens dans les grandes villes. La mobilité géographique nécessaire provoqua le déclin du système des familles élargies. L'unité sociale dominante dans les économies fortement industrialisées est la famille nucléaire isolée.

Qu'en sera-t-il à l'avenir dans la société postindustrielle? Il y a deux lignes de pensée. La vision pessimiste annonce que le système fragile de la famille isolée s'affaiblira encore. Ceux qui le prédisent proposent des alternatives telles que la cohabitation sans mariage, ou les mariages temporaires, qui apporteraient la flexibilité nécessaire à la société postindustrielle. La vision utopique annonce que la révolution informatique réconciliera le travail et la famille: ce sont les «ateliers de maison». Les parents travailleront chez eux, ils apprendront le métier à leurs enfants et à des apprentis à demeure. Il en résultera de meilleurs relations parents/enfants, et l'émergence d'une famille élargie non apparentée, comme les apprentis. Mais une faible minorité seulement profitera de cette conjoncture.

La koinônia *dans les communautés*

On parle beaucoup aujourd'hui de la communauté. Mais il n'est pas évident que les communautés en question apportent aux familles nucléaires les attentions et le soutien dont elles ont besoin. Nous pensons que le concept néo-testamentaire de *koinônia* est une solution idéale. Il s'agit d'une communauté dans laquelle les chrétiens sont unis au niveau de l'être et dans les objectifs. Dans le prototype du N.T., les membres de l'Église partageaient volontairement tous leurs biens. Ils participaient ensemble à la vie civile (*politeia*) et à la vie de famille (*oikonomia*). La koinônia en vint à représenter un nouveau type de communauté, entre celle de l'État, impersonnelle et incluant tout, et la vie de famille, exclusive et fondée sur les liens du sang.

Comme les premiers chrétiens se réunissaient dans des maisons, la taille de ces groupes était de vingt à trente personnes. Or, les sociologues nous disent aujourd'hui qu'un individu moyen parvient à maintenir des relations amicales avec un maximum de vingt-cinq à trente personnes. Ceux qui veulent aller au-delà découvrent qu'ils n'en ont ni le temps ni l'énergie.

Les sociétés traditionnelles sont mieux en mesure d'adopter ce type de communauté koinônia. Les sociétés de masse, caractérisées par l'impersonnalité, l'urbanisation, l'industrialisation, la rationalisation, la déshumanisation, la bureaucratisation et la sécularisation, rendent difficile la koinônia. Les églises qui pratiquent la koinônia privilégient les petits groupes et les thèmes d'alliance, de grâce, d'édification et d'intimité. Les participants prennent le temps de se connaître et de s'occuper les uns des autres de différentes façons. Ils se joignent également à la communauté élargie et à la société.

L'église

Le lieu originel de la koinônia est l'église. Une église est appelée à ressembler à une famille. Après tout, elle est composée de personnes appelées enfants de Dieu, frères et sœurs en Jésus-Christ. L' apôtre Paul écrit: «Je serai pour vous un père, et vous serez pour moi des fils et des filles, dit le Seigneur tout-puissant.» (2 Co 6:18) et: «Ainsi donc, vous n'êtes plus des étrangers ni des gens de passage; mais vous êtes concitoyens des saints, membres de la famille de Dieu.» (Ep 2:19)

L'église est donc une famille pour les familles, elle les soutient et leur donne une identité. L'église portera son attention sur sa fonction première, qui est d'incarner le règne du Christ dans sa vie corporative, en enseignant les vertus théologiques de foi, d'espérance, d'amour, et leur relation avec l'identité de l'église. Elle deviendra une communauté de foi, ou plutôt une « structure de foi crédible ». En s'efforçant de le devenir, elle évitera le piège de l'exclusivité et la tendance à n'accepter qu'un certain type de personnes. Elle accueillira la veuve et l'orphelin, le handicapé, le pauvre, la personne seule, les familles désunies.

Elle deviendra une famille pour les familles si elle respecte plusieurs principes: (1) être un lieu de diversité, comprenant des gens de classes sociales, d'ethnies, d'âges, de formations et d'expériences religieuses différents; éviter l'unité fondée sur la similitude ou les expériences subjectives, car la seule véritable unité est fondée en Jésus-Christ; (2) être un lieu où les gens se connaissent intimement, en petits groupes de partage; (3) créer des rôles pour tous ses membres.

Que fera-t-elle pour s'assurer que chacun s'y sente chez soi? Les personnes seules seront intégrées de façon à progresser, tout en mettant leurs talents au service de la communauté. Les femmes seront encouragées à exercer leurs dons dans l'église. Le fossé entre le clergé et les fidèles sera minimisé, de sorte que le pastorat ne semble pas une carrière parmi d'autres. Cela signifie que le clergé sera disposé à partager le ministère et les fidèles à prendre des responsabilités et des initiatives. En bref, il s'agit de pratiquer le processus d'édification réciproque dans l'église. Les études bibliques s'intéresseront à la vie communautaire, à la façon d'aimer, de pardonner, de servir et de se connaître. Chacun aura la liberté d'exprimer sa foi de façon créative. Le déclin des symboles traditionnels et du langage est une occasion de mettre en œuvre et d'explorer l'expression de la louange. On se libérera des formules toutes faites, qui appauvrissent la communication et on se montrera ouvert à de nouvelles formes d'expression de l'amour de Dieu. Telle une famille de familles, l'église accueillera, par exemple, des acteurs, des poètes, des dramaturges et des danseurs.

Shalom *dans la société*

La société est plus vaste, plus abstraite et plus distante de la famille que ne l'est la communauté. Elle comprend les institutions politiques, économiques, éducatives et religieuses, lesquelles comportent chacune une hiérarchie complexe et des rôles régis par des normes établies. Il est assez facile d'imaginer comment les communautés sont un soutien vital pour la famille, mais plus difficile d'imaginer comment la société pourrait l'être.

Nous avons vu au chapitre précédent les effets négatifs de la société moderne sur la vie de famille. Il est plus que jamais nécessaire de promouvoir une société qui favorise le bien-être de la famille. Nous avons grand besoin d'avoir une vue nouvelle sur le rôle de la société dans la vie de famille au temps de l'A.T. Les membres de la famille dans l'Israël ancien se sentaient alors fortement solidaires avec la société. Le foyer familial n'était pas séparé de la société, mais façonné et soutenu par elle. Les Israélites apprenaient à voir leur monde et celui de la création comme un ensemble de foyers où ils résidaient, grandissaient, se protégeaient mutuellement, prenaient soin des pauvres qu'ils aimaient comme leurs propres frères.

Le concept biblique de *shalom*, habituellement traduit par «paix», caractérisait la société israélite. Il ne s'agissait pas seulement d'absence de conflit, mais d'épanouissement humain sur les plans matériel et spirituel. Shalom révèle une culture inspirée par la justice et la droiture autant que par la paix, celle qu'Ésaïe 11:6-8 décrit de façon émouvante: «Le loup séjournera avec l'agneau, et la panthère se couchera avec le chevreau; le veau, le lionceau et le bétail qu'on engraisse seront ensemble, et un petit garçon les conduira. La vache et l'ourse auront un même pâturage, leurs petits une même couche; et le lion, comme le bœuf, mangera de la paille. Le nourrisson s'ébattra sur l'antre de la vipère, et l'enfant sevré mettra sa main dans le trou de l'aspic.»

Shalom est effective lorsqu'il y a paix et justice à la fois, ce qui implique l'élimination du chômage et de l'oppression des pauvres. Une façon de traiter la pauvreté, c'est d'apporter au pauvre le gîte, le nourriture et les vêtements. Mais si les conditions qui engendrent la pauvreté demeurent, shalom est inachevée. Shalom consiste à offrir aux pauvres les moyens d'assurer leur subsistance. Une société inspirée par shalom traite les gens avec justice et ne les domine pas.

Nous saurons qu'il y a shalom quand les structures sociales favorisent l'épanouissement de la famille. Mais quand les institutions économiques exigent du temps au détriment de la famille, il n'y a pas shalom; quand les entreprises imposent à leurs jeunes employés de déménager tous les deux ans, empêchant ainsi la famille de s'enraciner dans une communauté, il n'y a pas shalom; quand les chômeurs n'ont pas espoir de retrouver du travail, il n'y a pas shalom; quand l'oppression et la discrimination empêchent les minorités d'accéder au travail, il n'y a pas shalom; quand les églises programment des activités tous les soirs, empêchant la famille de se réunir, il n'y a pas shalom; quand les personnes âgées manquent de ressources et de soins médicaux, il n'y a pas shalom; quand les femmes divorcées avec enfants vivent dans la pauvreté, alors que le niveau de vie des hommes divorcés augmente, il n'y a pas shalom; quand les lois empêchent les pères divorcés d'avoir des relations suivies avec leurs enfants, il n'y a pas shalom; quand une mère célibataire est obligée de laisser ses enfants livrés à eux-mêmes parce qu'elle travaille à l'extérieur, il n'y a pas shalom. Dans tous ces cas, les structures sociales détruisent la famille.

Espoir pour la famille et pour la société

Une famille stable et forte est possible par le rétablissement du concept biblique de la famille, qui comporte l'amour d'alliance et la manifestation de cet amour par la grâce, l'édification réciproque et l'intimité. Dieu veut que cet amour d'alliance s'épanouisse avant tout dans le cadre familial, mais il désire également qu'il soit la base de l'autorité morale dans la société.

L'autorité morale est considérée comme effective quand la société est contrôlée par des moyens internes et non par des moyens externes. Notre société en est venue par nécessité à dépendre de plus en plus de moyens de contrôle économiques et politiques coercitifs. C'est évident quand on voit que les relations sociales sont régies davantage par le contrat que par l'alliance, davantage par la loi que par la grâce, davantage par la contrainte que par l'édification, et davantage par l'aliénation que par l'intimité.

À cet égard, nous avons souligné que la famille est la pierre angulaire de l'ordre moral dans la société. Dès lors, les crises que nous vivons dans l'ordre moral de la société pourraient bien être dues à l'effondrement de la famille. Il n'est donc pas excessif d'avancer que l'espoir pour la société passe par le rétablissement du concept biblique de la vie de famille. L'amour d'alliance, base de la vie familiale, est également nécessaire à l'ordonnance même de la société. Jésus nous enseigna d'être prêts à étendre l'amour d'alliance à notre voisin (Lc 10:25-37).

Alors que nous nous efforçons de pratiquer l'amour dans notre famille, puis dans la société, gardons toujours à l'esprit cet événement capital de la vie de notre Seigneur: «Jésus, voyant sa mère, et debout auprès d'elle le disciple qu'il aimait, dit à sa mère: Femme, voici ton fils. Puis il dit au disciple: Voici ta mère. Et dès cette heure-là, le disciple la prit chez lui.» (Jn 19:26-27)

Notre but dans nos relations sera de nous édifier et de nous connaître intimement les uns les autres à tel point que Jésus désire confier sa propre mère à notre famille.

Table des matières